Kohlhammer

Der Autor

Heiner Bartelt (geb. 1955) studierte, nach einer Ausbildung zum Heilerziehungshelfer, Lehramt für Sonderschulen und Erziehungswissenschaften mit dem Schwerpunkt »Geistige Behinderung« an der Universität Dortmund. Danach war er zunächst 10 Jahre als Fachberater für Teams in einer Wohneinrichtung für 200 Kinder und Jugendliche mit geistiger Behinderung im Münsterland tätig und leitete diese Einrichtung später 15 Jahre. In den folgenden 13 Jahren verantwortete er als Bereichsleiter die Hilfen für Kinder und Jugendliche mit Behinderung bei einem Träger im Ruhrgebiet. Seit Mitte der 80er Jahre ist er zudem als Referent, Fortbildner und Supervisor in der Behindertenhilfe tätig.

Heiner Bartelt

Aus-Halten als aktive heilpädagogische Intervention

Herausforderndes Verhalten von Menschen mit Intelligenzminderung verstehen und annehmen

Verlag W. Kohlhammer

Dieses Werk einschließlich aller seiner Teile ist urheberrechtlich geschützt. Jede Verwendung außerhalb der engen Grenzen des Urheberrechts ist ohne Zustimmung des Verlags unzulässig und strafbar. Das gilt insbesondere für Vervielfältigungen, Übersetzungen, Mikroverfilmungen und für die Einspeicherung und Verarbeitung in elektronischen Systemen.

Die Wiedergabe von Warenbezeichnungen, Handelsnamen und sonstigen Kennzeichen in diesem Buch berechtigt nicht zu der Annahme, dass diese von jedermann frei benutzt werden dürfen. Vielmehr kann es sich auch dann um eingetragene Warenzeichen oder sonstige geschützte Kennzeichen handeln, wenn sie nicht eigens als solche gekennzeichnet sind.

Es konnten nicht alle Rechtsinhaber von Abbildungen ermittelt werden. Sollte dem Verlag gegenüber der Nachweis der Rechtsinhaberschaft geführt werden, wird das branchenübliche Honorar nachträglich gezahlt.

Dieses Werk enthält Hinweise/Links zu externen Websites Dritter, auf deren Inhalt der Verlag keinen Einfluss hat und die der Haftung der jeweiligen Seitenanbieter oder -betreiber unterliegen. Zum Zeitpunkt der Verlinkung wurden die externen Websites auf mögliche Rechtsverstöße überprüft und dabei keine Rechtsverletzung festgestellt. Ohne konkrete Hinweise auf eine solche Rechtsverletzung ist eine permanente inhaltliche Kontrolle der verlinkten Seiten nicht zumutbar. Sollten jedoch Rechtsverletzungen bekannt werden, werden die betroffenen externen Links soweit möglich unverzüglich entfernt.

1. Auflage 2021

Alle Rechte vorbehalten
© W. Kohlhammer GmbH, Stuttgart
Gesamtherstellung: W. Kohlhammer GmbH, Heßbrühlstr. 69, 70565 Stuttgart
produktsicherheit@kohlhammer.de

Print:
ISBN 978-3-17-039512-1

E-Book-Formate:
pdf: ISBN 978-3-17-039513-8
epub: ISBN 978-3-17-039514-5

Inhaltsverzeichnis

1	Einleitung	9
2	Aus-Halten – eine kurze Einordnung in die aktuelle wissenschaftliche Diskussion	12

Teil I: Mangelnder Halt – eine Situationsanalyse

3	**Von wem ich schreibe**	21
	Versuch einer Beschreibung (Situationsanalyse)	21
	Teilhabe	22
	Betreuungskonzepte	23
	Fachliche Begleitung	24
4	**Biographische Notizen**	26
	»Mit mir hält es niemand aus«	27
5	**Grundannahmen**	31
6	**Bilder vom Gegenüber**	34
7	**Kleiner Exkurs zu mir selbst**	36
8	**Gedanken zum Verhältnis von (Heil-)Pädagog*innen zu Erziehung und Therapie**	40
	Reduzierung auf störende Anteile	41

Teil II: Haltgebendes Verstehen

9	**Haltung, Halten und Halt**	45
	Zum Begriff der »pädagogischen Haltung« in der Erziehungswissenschaft	45
	Der Begriff der Haltung in der Heilpädagogik	46
	Offenheit	47
	Gelassenheit	48
	Hoffnung	49

Wahrnehmungserweiterung als Grundlage einer Haltungsentwicklung 52

10 Haltgebende Handlungsoptionen **54**
Mut zur Auseinandersetzung – Vom Reagieren zum aktiven Handeln... 54
Schutz und Sicherheit für die Mitarbeitenden 55
Schutz und Sicherheit für die betroffenen Menschen 58
Der »sichere« Ort 60
Verlässlichkeit in der Kommunikation 62
(Wieder-)Herstellung »pädagogischer Wirksamkeit« 65

11 Aus-halten als sinnstiftendes Beziehungsangebot **71**
Akzeptanz von Widersprüchen 73

12 Halt für die Begleitenden **75**
Die Wahrnehmung und Unterstützung durch Vorgesetzte 76
Die Zusammenarbeit im Team 78
Die Orientierung an einem praxisgerechten Konzept zum Umgang mit Krisen 78
Ein mögliches Konzept der Beachtung 79
Achtsamer Umgang mit sich selbst 80

13 Wer wirkt noch mit? **82**
Mitbewohner*innen bzw. Mitbeschäftige am Arbeitsplatz 82
Die gesetzlichen Betreuer*innen 83
Das familiäre Umfeld 83

14 Kurze Schlussbemerkung zu Teil I und Teil II **85**
Wenn alles nichts hilft 85

Teil III: »Es gibt keinen Mangel an Rückmeldungen, sondern nur einen Mangel an Verstehen meinerseits.«

15 »Es muss nicht immer Intensivgruppe sein …« **89**
Menschen, die mir begegnet sind 89
Begegnungen aus den letzten fünf Jahren 93

16 »Mit eigenen Worten …« Interviews mit Betroffenen **103**
»Es war etwas schwer, über die nicht so schönen Zeiten zu sprechen« (Interview Stefan Kretschmer) 103
»Ich hatte bestimmte Personen, die es mit mir aushielten und denen ich vertraute …«. (Interview Roy Wiemken) 105
»… uns Professionelle aus-halten …« 106

»Also ich glaube nicht, dass es einen Mangel an Rückmeldungen gibt, es gibt nur einen Mangel an Verstehen meinerseits.« (Interview mit Mitarbeitenden) 108

Nachbemerkung 117

Danksagung 119

Literatur 120
    Internet-Hinweise 122

1 Einleitung

Dieses Buch will Lust auf die professionelle Begleitung von Menschen mit besonderem Unterstützungsbedarf machen. Es will ermutigen, sich diesen Menschen und ihren Verhaltensweisen, die manchmal »schwer auszuhalten« sind, zuzuwenden und ihnen ein Beziehungsangebot zu machen, das vorbehaltlos gilt, unabhängig von sogenannten »Entwicklungsfortschritten« oder Krisen.

Dieses Buch möchte ein Plädoyer für die Stärkung von Demut (Mall 2003) gegenüber Menschen sein, die unsere professionelle Begleitung und Unterstützung in fast allen ihren Lebensbereichen benötigen und gleichzeitig oft hartnäckig an ihren erlernten Verhaltensmustern festhalten. Ich spreche von Menschen mit einer geistigen Behinderung und stereotypen Bewältigungsmustern, die sich häufig fremdaggressiv oder selbstverletzend äußern. Ich spreche von Menschen, deren besonderer Begleitungsbedarf eine Teilhabe und Partizipation erschwert und sie so aus dem Blickfeld der Inklusionsdiskussion geraten lässt. Diese Gruppe von Menschen ist und war nicht gemeint, wenn es in der bisherigen und aktuellen (heil-)pädagogischen Diskussion um Teilhabe und Partizipation ging bzw. geht.

Während in den zurückliegenden Jahren immer mehr Menschen mit einer Intelligenzminderung selbstbestimmte Wohnangebote, Arbeits- und Lernfelder nutzen, ihre Interessen und Forderungen selbst vertreten, Publikationen in leichter Sprache Selbstverständlichkeit werden, wächst gleichzeitig die Zahl der ausgrenzenden Betreuungsangebote und damit scheinbar auch die Zahl von Menschen, die nicht inklusionsfähig erscheinen.

Die Menschen, um die es mir in diesem Buch geht und die ich, soweit dies annähernd möglich ist, auch selbst zu Wort kommen lassen möchte – in den vorgestellten Lebensgeschichten und Interviews –, verbindet, dass sie alle auf eine »haltende Umwelt«* angewiesen sind. Dabei ist es manchmal bereits schwer, das erlebte Verhalten als »Suche nach Halt« zu erkennen. Noch schwieriger ist es, ein haltgebendes Angebot machen zu können und dabei gleichzeitig die Autonomie der*des Betroffene*n zu achten.

Das hört sich sehr herausfordernd an und ist es spannenderweise auch. Aber es ist möglich und manchmal vor allem sehr befreiend, nicht nur für die*den betroffenen Menschen, sondern auch für mich als professionelle*n Begleiter*in.

Der Weg dahin gelingt nicht über einen neuen therapeutischen Ansatz oder eine (heil-)pädagogische Methode. Sondern vielmehr über die Entwicklung einer Haltung der »Demut«, mit der ich meinem Gegenüber begegne, in dem ich mir Zeit nehme, innehalte, hinhöre, ohne bereits Antworten zu kennen. Haim Omer (2007) schreibt: »… es gibt keinen privilegierten Einblick in die Erfahrungswelt eines Anderen.« Es ist hilfreich, sich diese Wahrheit immer wieder einmal ins Gedächtnis zu rufen, gerade wenn man viele Jahre Erfahrung in der Begleitung von Menschen mit Intelligenzminderung und herausfordernden Verhaltensweisen hat. Es gibt mir die Chance, meine Wahrnehmung immer wieder zu erweitern und Gewissheiten gegenüber eine »heilpädagogische Skepsis« (Häussler) zu behalten, die mir ein offenes Hinhören und Hinschauen ermöglicht. Meinem Gegenüber gibt es die Möglichkeit, sich nicht gleich wieder im Korsett von Diagnosen, Zuschreibungen und Reduzierungen auf ihre*seine Störungen zu erleben. Daraus kann sich eine gute Grundlage für tatsächliche Begegnungen entwickeln, nicht immer, aber immer wieder.

Versuch einer Positionierung

Ich blicke auf etwas mehr als 40 Jahre der Begleitung von Menschen mit geistiger Behinderung und herausfordernden Verhaltensweisen zurück. Ich habe mich in dieser Zeit stets als »theoriegeleiteten Praktiker« erlebt, der in dieser Zeit viele Projekte mit der Hilfe engagierter Mitarbeiter*innen umsetzen und sie hinsichtlich ihrer heilenden Wirksamkeit durch die (non-)verbalen Rückmeldungen der begleiteten Menschen überprüfen konnte.

Der Weg in all den Jahren war alles andere als direkt, es gab Sackgassen und Vollsperrungen, unnötige Umwege und Umleitungen, die wieder am Ausgangsort endeten. Was ich aber als ganz großen Gewinn und dankbare Erfahrung aus der Begleitung vieler Menschen mitgenommen habe, sind vor allem diese beiden Erkenntnisse:

Die Orientierung an der leitenden Frage »Was *braucht* mein Gegenüber«?

»Was *braucht* sie/er ?« ist gewissermaßen das Ergebnis aus der unterstützungsorientierten Frage nach dem »Was kann sie/er *nicht*?«, dem ressourcenorientierten »Was *kann* sie/er?« und drittens der in der aktuellen Teilhabediskussion scheinbar leitenden Frage nach dem bedürfnisorientierten »Was *möchte* sie/er?«. Die aus dieser vierten Frage entstehende Haltung nach dem »Brauchen« nutzt (wichtige) diagnostische Erkenntnisse an Unterstützungsbedarf und Ressourcen gewissermaßen als Basis, um die Wahrnehmung teilhabebestimmter Bedürfnisse zu ermöglichen. Die Antwort auf die Frage nach dem »Brauchen« ist das Angebot einer »*haltgebenden Pädagogik*«, deren Handeln *sinnstiftend* ist.

Die tiefe Überzeugung von der *Wirksamkeit* (heil-)pädagogischen *Handelns*

Mir scheinen bei der professionellen Begleitung von Menschen mit herausfordernden Verhaltensweisen immer wieder starke Zweifel an der Wirksamkeit des eigenen Handelns zu entstehen. Gerade die Frage der eigenen (heil-)pädagogischen Wirksamkeit wird dabei fast stereotyp (welch interessante Parallele zur Konfliktverarbeitung bei den begleiteten Menschen) mit »Entwicklungserfolgen« gleichgesetzt. Bleiben solche beobachtbaren Erfolge aus, entsteht häufig ein Gefühl der Ohnmacht oder gar Resignation in Bezug auf das eigene professionelle Handwerkszeug und dem daraus resultierenden Handeln als kaum oder wenig wirksam.

Das Gefühl, den betroffenen Menschen und ihrem Verhalten gleichsam »ausgesetzt« zu sein, es irgendwie mit ihnen »aushalten« zu müssen, kann letztlich solche resignativen Haltungen bis hin zum (inneren oder äußeren) Rückzug aus dem Begleitungsauftrag verstärken.

Stattdessen wird beim »Ausbleiben« von »Entwicklungserfolgen« der Ruf nach begleitenden Disziplinen, wie der psychiatrischen, pharmakologischen oder psychologischen Kompetenz, nicht als Ergänzung oder Unterstützung des eigenen Handelns, sondern als Ersatz für das eigene, vermeintlich vergebliche Tun laut. Viele meiner Beratungen mit professionellen pädagogischen Teams beginnen mit dem Eingangsstatement:

> »Mit ihr*ihm haben wir schon Alles ausprobiert. Nichts hilft. Wir sind hier auch nicht die richtige Einrichtung für jemande*n wie sie*ihn.«

Mit diesem Buch möchte ich den Begriff des »Aus-Haltens« in der Heilpädagogik von seiner negativen Besetzung als »Erdulden«, »Erleiden« oder »Überstehen einer unangenehmen Situation« befreien und – natürlich gerade in Bezug auf den oben geschilderten Personenkreis – eine völlig veränderte, neue inhaltliche Sichtweise anbieten. »Aus-Halten« in diesem Sinne kann dann zu einer aktiven Intervention werden, die sinnstiftend für meine Beziehung zu meinem Gegenüber wirken kann.

Das Buch gliedert sich in drei Teile. Der erste Teil versteht sich als eine erfahrungsbasierte Situationsanalyse aus der Praxis. Ich beschreibe den Alltag von Menschen mit Intelligenzminderung und besonderen Verhaltensweisen, der in vielen Lebensbereichen von *mangelndem Halt* und daraus folgender »Haltlosigkeit« geprägt ist. Im zweiten Teil stelle ich dieser Analyse ein Praxiskonzept *haltgebender Pädagogik* bzw. »*haltgebenden Verstehens*« gegenüber, das auf dem Gedanken des »*Aus-Haltens*« basiert. Im dritten Teil schildere ich einige Begegnungen mit betroffenen Menschen und ein konkretes Konzept »innerer Inklusion«, das versucht, diesen Menschen und ihren Bedürfnissen gerechter zu werden. Der dritte Teil endet mit drei Interviews, in denen zwei (heil-)pädagogische Fachkräfte und zwei betroffene Menschen selbst zu Wort kommen.

2 Aus-Halten – eine kurze Einordnung in die aktuelle wissenschaftliche Diskussion

Heinrich Greving

Der Begriff des Aushaltens ist eigentlich sprachliches Allgemeingut. Das bedeutet: er ist nicht als fachwissenschaftlicher Begriff ausgewiesen und schon gar nicht als ein solcher einzugrenzen. Dies bedeutet, dass die Hinführung zu diesem Begriff bzw. die fachwissenschaftliche Ableitung über andere (sprachliche und methodologische) Wege erfolgen müsste und erfolgen könnte. In diesem kurzen Beitrag wird eine Eingrenzung, aber auch Erweiterung dieses Begriffes des Aushaltens aus der Perspektive des Halts und der Perspektive der Haltung versucht, so dass der Halt bzw. die hiermit verbundene Haltung im pädagogischen Prozess eine ganz bestimmte Art von Aushalten in pädagogischen Handlungen und Beziehungen grundlegt und ermöglicht.

Auf diesem Hintergrund wird auf folgende Punkte eingegangen: In einem ersten Schritt wird der Begriff des Halts bei Paul Moor skizziert. Der schweizerische Heilpädagoge hat diesen Begriff gerade hinsichtlich der Unterkategorien des Inneren und des Äußeren Halts maßgeblich geprägt. Hierzu werden einige Aktualisierungen vorgenommen, so z. B. auf dem Hintergrund einer demnächst erscheinenden Dissertation, die sich mit dem Begriff des Halts und der Haltung intensiv beschäftigt. In einem zweiten Schritt wird dann der Begriff des Halts in vier Unterpunkten skizziert, welche zum Schluss in eine Fokussierung bzw. Bilanzierung des Begriffes des Aushaltens im Bereich der Pädagogik einfließen sollen.

Halt bei Paul Moor

Der schweizerische Heilpädagoge Paul Moor hat sich relativ früh und vor allem in Bezug auf eine heilpädagogische Psychologie damit beschäftigt, die Begriffe des Inneren und des Äußeren Halts zu thematisieren. So widmet er sich im ersten Band seiner heilpädagogischen Psychologie intensiv der Frage, welche Einstellungen und Weltbilder bei der Beschäftigung mit dem inneren (aber auch mit dem äußeren) Halt zum Ausdruck kommen (vgl.: Moor 1960, 121–127). Die Ausgestaltung des Äußeren und des Inneren Halts steht bei ihm im Mittelpunkt einer heilpädagogischen Psychologie bzw. einer heilpädagogischen Methodologie. Palfi-Springer setzte sich 2019 in ihrer Dissertation mit den grundlegenden Aspekten des Äußeren und des Inneren Halts bei Paul Moor im Hinblick auf eine sinnorientierte Heilpädagogik auseinander (vgl. Palfi-Springer 2019) – sie kommt dabei zu der Erkenntnis, dass der Innere Halt intensive Zugänge zu einer persönlichen Ressource eines jedweden Menschen definiert und begründet. Doch das alleine reicht nicht aus:

2 Aus-Halten – eine kurze Einordnung in die aktuelle wissenschaftliche Diskussion

»Auf den ersten Blick erscheint es leicht, zu definieren, was der Innere Halt eines Menschen sein könnte: eine feste Struktur, Normen und Werte, die uns auf unserem Weg durch das Leben die Richtung weisen und uns in Krisensituationen stützen können. ... (für Paul Moor ist) Innerer Halt ... die haltgebende Struktur im Menschen, die sich durch Entwicklung und Reifung aufbaut. Indem sich das Individuum dem Leben stellt und die Herausforderung des Alltags als eigene Aufgaben annimmt und seine Möglichkeiten und Fertigkeiten entsprechend ausbildet, um diesen Aufgaben gerecht zu werden, kann es den Inneren Halt mehr und mehr aufbauen, ohne je fertig zu werden« (Palfi-Springer 2019, 123).

Der Aufbau des inneren Halts ist somit ein dem Menschen aufgegebener Prozess, ein Prozess, welcher auch im Kontext anderer Personen und Menschen zentral und relevant ist, so dass das gemeinsame Aushalten einer Lebenssituation auch auf diesen inneren Halt zurückgeführt werden kann. Mit Moor geht Palfi-Springer davon aus, dass sich der innere Halt aus zwei zentralen Grunddynamiken zusammensetzt: Auf der einen Seite aus der Willensstärke und auf der anderen Seite aus der Gemütstiefe (vgl. Palfi-Springer 2019, 123/124). Bilanzierend stellt Palfi-Springer folgendes fest:

»Innerer Halt stellt somit eine Lebensart oder besser Lebenskunst dar, die als innere Grundhaltung dem Menschen ermöglicht, offen für die Anfragen und Aufgaben des Lebens zu sein, die er gefühlsmäßig erfassen kann und dann mithilfe seiner Fähigkeiten und seiner wachsenden Fertigkeiten umsetzen will und kann. Die gefühlsmäßige Erfassung vollzieht sich über die Erfahrung von Wert-vollem Erleben« (Palfi-Springer 2019, 126).

Die Entwicklung von Willensstärke in der täglichen Auseinandersetzung des Lebens, d. h. also das, was der Mensch kann, was er will und für was er empfänglich ist, ist demzufolge die eine zentrale Aufgabe. Eine weitere zentrale Aufgabe ist hierbei die Gemütstiefe, d. h. also das Angesprochensein des anderen Menschen bzw. die Verwirklichung dieser Aufgabe im gemeinsamen tätigen Leben (vgl. Palfi-Springer 2019, 127–155). Die Entwicklung der Willensstärke, also das haltgebende Moment in der eigenen Person und das aushaltende Moment in der Auseinandersetzung mit anderen Personen, ereignet sich daher mindestens über die Wege, das dieses erkannt und dass es auf dem Hintergrund des eigenen Daseins als Verpflichtung erfahren wird. Eine Verpflichtung, welche immer etwas damit zu tun hat, sich möglicherweise selber zu überwinden und in bestimmte Situationen hineinzubegeben, die einen Prozess des Aushaltens im letzten definieren: Dieses bedeutet auch, den anderen Menschen als den wahrzunehmen, der er im letzten seiner eigenen Lebensgeschichte und seines individuellen Schicksals ist. Die gemeinsame Weiterentwicklung, demgemäß also auch das Aushalten gemeinsamer Lebensaufgaben und Entwicklungsprozesse, ist etwas, was als weitere Fähigkeit und Fertigkeit in diesem (dann auch pädagogischen) Prozess angesehen werden kann. Dieser innere Halt kann dementsprechend nach Paul Moor nur als »tätiges Leben« (Palfi-Springer 2019, 137) beschrieben werden. Halten und Aushalten ist somit immer ganz konkret im Dasein und Mitsein der anderen Person, des anderen Subjektes zu leisten und auch zu gewährleisten. Auf der anderen Seite erlebt derjenige, der Halt gibt, das Ganze auch in seinem empfangenen Leben, d. h. er fühlt sich durch diese andere Person angesprochen und verwirklicht sein Dasein im Kontext dieser anderen Person (vgl. Palfi-Springer 2019, 142/143). Bilanzierend kann somit mit Palfi-Springer folgendes festgehalten werden:

»Moor zeigt in diesem Konstrukt, dass er in erster Linie unter individualpädagogischen Gesichtspunkten verstand, auch die Verantwortung des Pädagogen bzw. der sozialen Umgebung auf dieses Werden entsprechend zu stützen, durch den eigenen Inneren Halt, umso Haltschwächen beim Kind bzw. bei der Klientel möglichst auszugleichen. Er spricht hierbei vom Äußeren Halt, unter dem er letztlich den Inneren Halt der Umgebung, also der Personen versteht, die das Kind begleiten. … Das Können der sozialen Umwelt, das Wollen der moralischen Mitwelt sowie die eigene Empfänglichkeit der umgebenden Person, die Moor als Heimat bezeichnet, charakterisieren diesen Äußeren Halt« (Palfi-Springer 2019, 169).

Moors anthropologisches Konzept des Inneren und des Äußeren Halts gehen somit Hand in Hand und deuten darauf hin, dass der Andere den Äußeren Halt gewährleisten kann und muss – und in bestimmten Situationen des Aushaltens genötigt ist.

Halt und Haltung zwischen Heilpädagogik und Philosophie

Einen anderen Weg wählt Michaela Mendt (vgl. Mendt 2021): Sie entwickelt in ihrer Dissertation eine grundlegend philosophische Betrachtung des Begriffes der Haltung. Dieser bewege sich zwischen der Heilpädagogik und der Philosophie. Sie skizziert hier unter anderem einen weiten und einen engen Haltungsbegriff (vgl. Mendt 2021, o.J.). Mit Bezug auf Kurbacher (vgl. Kurbacher 2017) geht sie davon aus, dass beide Haltungsbegriffe, also der weite und der enge, miteinander wechselseitig verflochten sind.

»Der weite Haltungsbegriff des Eingebundenseins ermöglicht das Auswählen und Einnehmen von Haltungen, die dann wiederum in Entscheidungen, Urteilen, Handlungen sichtbar werden. … Der Haltungsbegriff zeigt die Verflochtenheiten von Autonomie und Heteronomie, denn letztlich bleibt offen, wie frei der Mensch in seiner Haltungswahl ist und in welchem Ausmaß geprägt durch die ihn umgebenden Strukturen und Lebensverständlichkeiten und affiziert durch Personen der jeweiligen Lebenswelt« (Mendt 2019, 184 im Manuskript).

Im engen Haltungsbegriff demgegenüber, welcher von ihr als »bewusste Wahl« (Mendt 2019, 185) beschrieben wird, wird genau diese Haltung auf eine professionell dargestellte Haltung übertragen: »Aus der Auseinandersetzung mit Disziplin und Profession, mit Theorie und Praxis, kann sich dann für heilpädagogische Haltung entschieden und sich in diesem für eine stetige Weiterentwicklung geübt werden« (Mendt 2019, 185). Im Verlauf ihrer Argumentation stellt sie somit »Haltung als Beziehung und Beziehung als Haltung« dar (Mendt 2021, 185).

Haltung schließt somit immer eine historische und sich stetig aktualisierende Geschehensweise im (auch pädagogischen) Kontext ein. Auf diesem Hintergrund sollen nun vier Themenbereiche skizziert werden, in welchen Halt in der Pädagogik eine zentrale Rolle spielt.

Halt und Aushalten: Relevanz für die Pädagogik

Zuerst kann Halt als existenzielle Erfahrung dargestellt werden: diese findet schon intensiv im Säuglingsalter, d. h. im Angenommen-Werden des Kindes durch die Eltern statt. Diese existenzielle Erfahrung findet sich auch im Zusammensein von Liebenden, d. h. in der Situation, gemeinsam intensive Prozesse der Nähe zu gestalten. Ähnliches kann aber auch in der Auseinandersetzung mit Trauersituationen beschrieben werden: auch in dieser ist der Halt als das verbindende existentielle Moment zu kennzeichnen. Des Weiteren kann die Situation des Halts als *die* strukturgebende Komponente in der Generierung von Familien, aber auch von Organisationen generell gelten: Sozialisation und Enkulturation sind demzufolge die Phänomene, welche aus Institutionen (also Absprachen, welche die Gesellschaft benötigt, um im Kern bestehen zu bleiben) konkrete Organisationen werden lässt.

In einem zweiten Schritt kann Halt als dialogische Notwendigkeit gekennzeichnet werden: kein Dialog, kein Gespräch zwischen Handlungspartnern ist ohne den Zusammen-Halt möglich und gestaltbar. Der Raum und die Zeit, in dem Gespräche und Dialoge stattfinden, bieten hierbei schon grundlegende haltgebende Phänomene. Ebenso wie das gemeinsame Ziel (oder auch Nicht-Ziel) eines Dialoges haltgebend für die Gesprächspartner sein kann. Ob und wie dieses geschieht ist nun allerdings auch durch die Art und Weise des Haltens und des Lösens des Blickkontaktes im Kontext dieser Dialoge wahrnehm- und gestaltbar. Das Aushalten von Blicken, das Aushalten von Nähe, das Aushalten aber auch von Ferne und Entfremdung und vom aneinander Vorbeischauen (und somit möglicherweise aneinander Vorbeireden) sind zentrale Momente in der dialogischen Gestaltung von Halt bzw. in der Wahrnehmung der dialogischen Notwendigkeit dieses Halts. Zusammenfassend könnte man zur dialogischen Notwendigkeit also festhalten, dass es durch die Ko-Konstruktion der Sprache, durch die Ko-Konstruktion des Erlebens des gemeinsamen Raumes sowie durch die Wahrnehmung des Beziehungsgeschehens als gemeinsam erlebte Ko-Konstruktion zu einer Art von bilateralem Halt zwischen den Handlungspersonen kommt. Sollte dieser Halt zur Entfremdung führen bzw. auf dem Hintergrund von Krisensituationen und Kontingenzen entstanden sein, ist er dennoch als ein solcher auszuhalten, so dass Halt im Rahmen der dialogischen Betrachtung ebenfalls als grundlegendes Moment des Aushaltens gekennzeichnet werden kann – was in diesem Moment alles andere als pathologisch ist, obwohl es solchermaßen anmuten mag. Es wäre dann eine analytische Aufgabe, diese ge-halt-vollen Prozesse unter dialogphänomelogischer Perspektive wahrzunehmen und (evtl. neu) zu gestalten.

In einem dritten Punkt ist Halt natürlich auch die gesellschaftliche Basis dessen, was Menschen im Kontext ihrer Natur zu tun gedenken. Institutionen schaffen Halt (s. o.): dieses bedeutet, dass die Absprachen der Menschen zu grundlegenden Momenten ihres kulturellen Gewordenseins Halt schaffen, um bestimmte soziale Momente zu generieren und auszuhalten. Die Institution der Religion schafft den Halt anhand spiritueller Ausrichtungen in Kirchen. Die Institution des Gesundheitswesens schafft den Halt des Gesundmachens und Gesunderhaltens in Kliniken. Die Institution der Bildung schafft Schulen, in denen haltgebende Systeme Wissen und Kompetenzen vermitteln, und vieles andere mehr. Selbst die unterschiedlichen kulturellen Orientierungen in der Gesellschaft und über die Gesellschaftshistorie hinaus schaffen Haltsysteme. War es somit in den vergangenen 100 Jahren gang und gäbe, Halt über die und in den jeweiligen Epochen, so z. B. der Klassik, den Barock oder die Romantik zu finden, so ist es heute im Rahmen der Post- oder Postpostmoderne kaum noch möglich, sich an etwas zu halten – außer möglicherweise an der Haltlosigkeit der Systematiken. Was dann bizarrerweise wiederum relativ haltgebend wäre. Die Erfahrung und Erfahrbarkeiten des »everything is possible« scheinen auf diesem Hintergrund tatsächlich als eine weitere Maxime beschrieben werden zu können, welche durch die relative Beliebigkeit eben genau dieser Beliebigkeit Halt geben zu vermögen. Und auf einem weiteren Hintergrund ist jede Gesellschaft tatsächlich dazu gehalten, ihre jeweiligen Prozesse durch gesetzliche Vorgaben und Normierungen in Form zu gießen, so dass auch diese haltgebend wirken. Halt ist demzufolge auf dem Hintergrund einer gesellschaftlichen Orientierung selbst dann eine Basis, wenn die Grundorientierung sich als sehr desperat und kontingent darstellt. Selbst in der Postmoderne ist also die gesellschaftliche Ausrichtung eines alles ermöglichenden Denkens und Tuns haltgebend. So absonderlich dieses auch erscheinen mag.

Bilanzierend ist somit festzustellen, dass Halt Grundlage, aber auch Ziel einer jeglichen Beziehungsgestaltung und erst recht einer jedweden Pädagogik ist. Wenn eine Pädagogik somit die theoretische Grundlage all dessen ist, was Menschen in Bildungsprozessen und in erzieherischen Prozessen aufgegeben wird, das Ganze dann in erzieherische Handlungen einfließt und umgesetzt werden kann, muss festgestellt werden, dass Halt bzw. die Entstehung von Halt aus einer ganz bestimmten Idee von Handlung heraus zielführend und notwendig ist, um dann pädagogische bzw. erzieherische Kontexte zu generieren. Zusammenfassend ist demgemäß weiterhin festzustellen, dass die Ausgestaltung haltgebender Momente gerade in Bezügen des Aushaltens im hohen Maße zentral erscheint.

Die Skizze dieser kurzen Einordnung des Aushaltens in eine aktuelle wissenschaftliche Diskussion weist damit weit in die Geschichte heilpädagogischer Diskurse, so dass behauptet werden kann, dass die Phänomene des Aushaltens auf dem Hintergrund der Realisation des Inneren und des Äußeren Halts, der Begründung einer Handlungsorientierung durch eine Haltungsorientierung sowie (wie das in dem ersten kleinen Punkt dieser Skizze beschrieben worden ist) die Vollzugsmomente des Halts in unterschiedliche pädagogische Prozesse immer wieder zurückgeführt werden müssen auf eine anthropologische Basisannahme, welche an den Schnittstellen zwischen humanistischer (also entwicklungsorientierter und bildungsorientierter Provenienz) und einer konstruktivistischen sowie ko-konstruktivistischen Entwicklung von Haltungsprozessen angebunden werden können, ja sogar müssen. Das Aushalten in pädagogischen Prozessen ist daher immer eine bilaterale und ko-konstruktive Bedingung und Bedingtheit wechselseitiger Prozesse zwischen allen Beteiligten einer pädagogischen und erzieherischen Handlung. Aushalten bedeutet nun nicht, einen pädagogischen oder interaktiven Stillstand festzuschreiben, weil die Situation mal gerade so schlecht ist oder als solche empfunden wird. Nein: Aushalten ist vielmehr Teil eines anthropologischen und pädagogischen Gesamtkonzeptes, in welchem aus einer ganz bestimmten und konkreten philosophischen und ethischen Haltung Handlungsmomente erwachsen, welche den Halt aller beteiligten Personen differenziert beschreiben können. Dieser Halt bildet nun a priori eine lebendige Klammer sowie ein interaktives Bezugssystem und fordert die Handelnden implizit und explizit dazu auf, die Prozesse des Aushaltens wahrzunehmen, zu reflektieren und immer wieder einmal neu zu justieren.

Literatur

Kurbacher, F. A. (2017): Zwischen Personen. Eine Philosophie der Haltung. Würzburg: Verlag Königshausen & Neumann.

Menth, M. (2021): Heilpädagogische Haltung. Denkbewegungen zwischen Heilpädagogik und Philosophie. Berlin: BHP-Verlag.

Moor, P. (1960): Heilpädagogische Psychologie. Band 1. Bern/Stuttgart/Wien: Verlag Hans Huber.

Moor, P. (1958): Heilpädagogische Psychologie. Band 2. Bern/Stuttgart/Wien: Verlag Hans Huber.

Palfi-Springer, S. (2019): Paul Moor – Impulsgeber einer Sinnorientierten Heilpädagogik. Berlin: BHP-Verlag.

Teil I: Mangelnder Halt – eine Situationsanalyse

3 Von wem ich schreibe

Ich spreche hier ganz überwiegend von »Menschen«. Ich spreche nicht von Bewohner*innen, Nutzer*innen, Kund*innen oder Leistungsberechtigten. Ich tue das, weil ich glaube, dass bereits die Zuordnung von betroffenen Menschen in namentlich festgelegte Zielgruppen einen Einfluss auf meine Sichtweise hat und die Gestaltung der Beziehung zu meinem Gegenüber wesentlich beeinflusst. Mein Anliegen wird weniger von Überlegungen zur Erbringung einer Dienstleistung bestimmt als von der Annäherung und – ebenso – den Grenzen des Verstehens meines Gegenübers. Verhaltensauffälligkeit oder herausforderndes Verhalten ist für mich stets Ausdruck einer nicht gelungenen Beziehungsgestaltung oder Kommunikation. Sie ist damit Folge eines »Missverständnisses« zwischen dem Menschen mit Unterstützungsbedarf und der von ihr*ihm wahrgenommenen – oft von uns repräsentierten – Umwelt.

Es geht um das Gelingen oder Misslingen des Verstehens von Menschen – unabhängig von ihren jeweiligen Persönlichkeitsmerkmalen, Begabungen oder Einschränkungen.

Versuch einer Beschreibung (Situationsanalyse)

Meine Erfahrungen und daraus folgenden Überlegungen beziehen sich dabei wesentlich auf Menschen (Kinder, Jugendliche und Erwachsene) mit einem umfassenden Unterstützungsbedarf aufgrund einer (starken) Intelligenzminderung. Hinzu kommen bei vielen stark ausgeprägte Verhaltensmuster, die – zum Teil eine bereits lange Zeit – herausfordernd auf ihre Umwelt wirken und nur wenig beeinflussbar erscheinen. Fremdaggressive und massive selbstverletzende Handlungen prägen entsprechend auch ihren Lebensalltag. Die Kommunikation mit vielen dieser Menschen ist durch eingeschränkte oder nicht vorhandene aktive Sprache zudem erschwert. Viele der betroffenen Menschen können ihre Bedürfnisse und Gefühle nur schwer ausdrücken, bis hin zu mangelnder Resonanzfähigkeit, die die Entwicklung einer Beziehung sehr erschwert und von vielen professionellen Begleiter*innen als sehr belastend erlebt wird.

Sie benötigen Schulassistent*innen, um eine Förderschule (in Teilzeit) besuchen zu können, oder arbeiten in besonderen Gruppen im Förderbereich einer Werkstatt für Menschen mit Behinderung oder in einer »internen Tagesstruktur«. Im Bereich des Wohnens leben sie oft in besonderen »Intensivgruppen«. Teilhabe an sozialen und kulturellen Ereignissen findet kaum statt.

Fast alle erhalten medikamentöse (psychopharmakologische) Unterstützung und bedürfen (wiederkehrend) stationärer psychiatrischer Klinikaufenthalte.

Gerade bei der Gruppe der Menschen mit stärkerer Intelligenzminderung sind diese Klinikaufenthalte dabei oft auf eine reine Krisenintervention begrenzt. Eine weitergehende therapeutische Unterstützung findet in der Regel nicht statt. Dies gilt sehr ähnlich für psychotherapeutische Hilfen und Angebote. An ihre Stelle treten dann oft geschützte Unterbringungen und/oder freiheitsentziehende Maßnahmen, vom Einschließen im eigenen Zimmer bis zur Fixierung im Bett während der Nachtzeit. Viele dieser Menschen haben, nachdem die Kräfte ihrer Familien im Bemühen um ihre Betreuung erschöpft waren, eine langjährige stationäre Lebenserfahrung hinter sich. Bei nicht wenigen bedeutet dies das »Durchlaufen« einer ganzen Reihe unterschiedlicher Institutionen. Alle aber haben in diesen Jahren eine kaum zählbare Menge von Professionellen erlebt, die sie über kürzere oder längere Zeit auf ihrem Weg begleitet haben und diesen – mit häufig sehr unterschiedlicher, bis hin zu sich widersprechenden Vorgehensweisen – wesentlich bestimmt und durchgesetzt haben. Sie haben dabei einen professionellen Beziehungsalltag erlebt, in dem die*der professionelle Begleiter*in bis hin zu intimsten Verrichtungen Entscheidungen für sie getroffen hat. Sie waren und sind dabei auf zum Teil sehr viele, wechselnde Menschen angewiesen und damit auf viele Begleiter*innen, die aufgrund ihrer bisherigen beruflichen Sozialisation, Entscheidungen für einen anderen Menschen zu treffen oder treffen zu müssen, weiterhin oft fremdbestimmt handelten und handeln.

Teilhabe

Das alles hat sehr großen Einfluss auf die Teilhabemöglichkeiten der Betroffenen. Ihre Bildungs-, Arbeits- und Wohnbedingungen sind nicht frei gewählt. Innerhalb der geschlossenen Systeme sind sie weder an Werkstatträten oder Nutzer*innenräten beteiligt und in ihrem unmittelbaren Lebensumfeld in sehr weitem Maße fremdbestimmt.

Auf der anderen Seite hat die Präsenz von Menschen mit Behinderung in den Medien deutlich zugenommen. Sie werden als Fachleute in eigener Sache zunehmend wahrgenommen, agieren als Schauspieler*innen in Filmen oder als Sprecher*innen bei Aktionen und Kongressen, als Akteure bei Sportveranstaltungen und im Freizeitbereich. So entsteht innerhalb der Öffentlichkeit das Gefühl, Menschen mit Behinderung würden sich und ihre Anliegen heute doch weitgehend in der Gesellschaft selbst vertreten und wären entsprechend präsent.

Das täuscht darüber hinweg, dass die von mir beschriebenen Menschen in der zivilgesellschaftlichen Diskussion kaum wahrgenommen werden. Von Zeit zu Zeit erschrecken Presseberichte (Die Zeit, »Unerhörte Schreie« vom 05.05.2016; SZ,

»Eingesperrt und angebunden«, vom 13.01.2021) über Zustände in Betreuungseinrichtungen die Öffentlichkeit, ohne dass dies über eine kurzzeitige Betroffenheit hinaus Auswirkungen zeitigt.

Besonders überraschend ist es für mich, dass auch Forschung und Lehre sich (fast) überhaupt nicht mit der Teilhabesituation dieser Menschen befassen. Es hat den Anschein, als ob hier ein unausgesprochener Konsens besteht, die nicht stattfindende Einbeziehung dieser Menschen in die Inklusionsüberlegungen zu tabuisieren. Theoretisch fundierte Betreuungskonzepte, die wissenschaftliche Begleitung und Supervision von Praxisangeboten für diese Menschen stellen nach wie vor die große Ausnahme dar.

Betreuungskonzepte

Deutlich wird dies bei der aktuellen Umsetzung von Betreuungsangeboten in unterschiedlichen Bundesländern. Menschen mit geringerem Hilfebedarf sind in den letzten Jahren ihrem Wunsch folgend in eigene Wohnungen oder Wohnangebote gezogen, die sozialräumlich Möglichkeiten der Partizipation bieten.

In die dadurch frei gewordenen ehemaligen Wohnheime sind nicht selten Betreuungsgruppen mit Menschen mit komplexen Behinderungen oder eben herausfordernden Verhaltensweisen nachgefolgt. Diese Angebote ebenso wie neu errichtete Wohnanlagen werden verstärkt mit einem ergänzenden Konzept zur Tagesstruktur ausgestattet, die den Besuch einer Werkstatt für Menschen mit Behinderung nicht mehr nötig machen. In nicht wenigen dieser Angebote ist der Ausschluss eines Besuches einer Werkstatt für Menschen mit Behinderung sogar Aufnahmevoraussetzung. (Eigentlich gibt es damit keinen Grund mehr, das Gebäude je zu verlassen...).

Das bedeutet konkret, dass wir im Bereich des Wohnens von Menschen mit Behinderung für die hier benannten Menschen Konzepte favorisieren, die unmittelbar aus den 1970er Jahren stammen.

Zu dieser Haltung passt dann auch die Zunahme der »Intensivgruppen« in Einrichtungen, ohne dass eine ausreichende individuelle und kritische Reflexion ihrer unabänderlichen »alternativlosen« Notwendigkeit stattfindet. Während der Aspekt der Teilhabe und Inklusion in der Öffentlichkeit stetig an Bedeutung gewinnt, steigt gleichzeitig in den letzten Jahren die Zahl der Spezial- und Intensivgruppen in Einrichtungen und dies bereits für Kinder und Jugendliche. Diese Wohnangebote stellen dabei nicht nur vorübergehend einen engen Betreuungsrahmen mit Vorgaben und Regeln sicher, sondern sind häufig langfristig angelegte Lebensräume, die oft mit mangelnder Teilhabe und geringen Anteilen an Selbstbestimmung einhergehen, sprich mit Exklusion.

Das bedeutet weiterhin, dass Werkstätten für Menschen mit Behinderung, die sich der Kritik ausgesetzt sehen, zu wenig teilhabeorientiert zu sein und perspektivisch durch den »ersten Arbeitsmarkt« abgelöst werden sollen, oft hinsichtlich der Beschäftigung von Menschen mit diesem besonderen Betreuungsbedarf an die Grenzen ihrer Möglichkeiten kommen.

Das bedeutet ebenso, dass wir in einer Zeit, in der der Besuch einer Regelschule für Kinder mit Behinderung der Normalfall werden soll, weiterhin Schüler*innen haben, die nicht einmal eine Förderschule in Begleitung einer Assistenzkraft (ganztags) besuchen können.

Als Folge dieser Entwicklung verschärft die derzeitig stattfindende Inklusionspraxis die Segregation und Exklusion einer Gruppe von Menschen, deren Ausgrenzung wissentlich oder – und das ist nicht weniger problematisch – unwissentlich in Kauf genommen wird. Wir laufen damit Gefahr zuzulassen, dass im »Schatten der Inklusion« eine eigene Parallelwelt von Einrichtungen und Angeboten für diese Menschen entsteht, für die die Erklärung der Rechte der UNO-Behindertenrechtskonvention scheinbar nicht gilt, ja, die vielmehr Gefahr laufen, zu »Resteinrichtungen« für die »Nicht-Inklusionsfähigen« zu werden.

Fachliche Begleitung

Diese Entwicklung hat unmittelbare Auswirkungen auf die fachliche Begleitung dieser Menschen und damit eine große Relevanz für das Thema dieses Buches: Die Art und Weise meines Engagements für Menschen mit Unterstützungsbedarf wird wesentlich von meiner beruflichen Identität geprägt (vgl. Rene Hofer 2007, S. 25 ff). Je mehr ich durch mein Handeln in der Praxis eine Bestätigung meiner fachlichen Überzeugungen und Fertigkeiten erfahre, um so förderlicher wird sich dies auf meine berufliche Identität auswirken. Diese Identität findet ihren Ausdruck in der Haltung, die meinem Handeln zugrunde liegt.

In der (Heil-)Pädagogik, analog zu den benachbarten Disziplinen der Psychologie, Psychiatrie und weiterer therapeutische Disziplinen – und oft verstärkt durch diese –, scheint das »Heilen«, im Sinne einer Minderung bis hin zur Befreiung von einem belastenden Zustand, eine von Beginn des Studiums an dominierende Rolle für die Entwicklung der beruflichen »Identität« zu spielen. Das Erreichen von »Entwicklungsfortschritten« scheint das wesentliche Ziel allen beruflichen Handelns zu sein.

Entsprechend prüft ein Teil der begleitenden Disziplinen eine »Therapiefähigkeit« und schließt Menschen mit starker Intelligenzminderung und herausfordernden Verhaltensweisen von ihren Angeboten aus. Trotz steigender Zahlen von betroffenen Menschen mit sogenannter »Doppeldiagnose« werden die Gründe für eine Krise und die damit verbundene Aufnahme in eine psychiatrische Klinik oft als »pädagogisches Problem« definiert, und entsprechend beschränkt sich das Angebot auf eine reine Krisenintervention mit entsprechend kurzer Interventions- und Aufenthaltszeit.

Dieses Erleben – sowohl der scheinbaren eigenen (heil-)pädagogischen Wirkungslosigkeit als auch der vermeintlich mangelnden Unterstützung durch andere Hilfesysteme – führt bei vielen gut ausgebildeten (Heil-)Pädagog*innen zu einem Gefühl der Ohnmacht und Frustration bei der Begleitung dieser Menschen.

In der Folge bedeutet dies, dass Empathie und Wertschätzung für mein Gegenüber im Alltag schwinden, oder es führt zum Beenden meiner beruflichen Arbeit in diesem Bereich und den Wechsel in ein (scheinbar) »wirkmächtigeres« Arbeitsfeld, etwa die Frühförderung, eine Autismus-Ambulanz oder das ambulant betreute Wohnen.

Und damit verfestigt sich der Teufelskreis: Hohe Fluktuation, Resignation oder Frustration der Begleitenden und die daraus folgende erneute Bestätigung der Erfahrung der betroffenen Menschen »Mit mir hält es niemand aus« führen unweigerlich zu einer weiteren Verfestigung bestimmter Verhaltensmuster als Ergebnis dieser sich wiederholenden Lebenserfahrung.

Wenn diese Kurzanalyse zutrifft, bleiben nur zwei berufliche Handlungsoptionen, die unsere Haltung wesentlich bestimmen. Horst-Eberhard Richter (1976) hat dies vor vielen Jahren die Alternative zwischen »Flüchten« oder »Standhalten« genannt.

Eine Flucht kann, auf unser (heil-)pädagogisches Tun übertragen, nach außen oder innen erfolgen. Als äußere Kündigung bedeutet sie einen Arbeitsplatzwechsel, hin zu einem Bereich, in dem ich glaube, meine Kompetenzen, Vorstellungen und Wünsche eher einbringen zu können. Die innere Kündigung stellt hingegen ein Verweilen am jetzigen Ort dar, ist jedoch gekennzeichnet von einer Krise der eigenen beruflichen Identität, hervorgerufen durch das Gefühl der Wirkungslosigkeit, letztlich gar Beliebigkeit meines fachlichen Handelns, und den mangelnden Glauben an meine erlernte Kompetenz. An ihre Stelle tritt dann Erfahrungspädagogik und manchmal auch eine Gleichgültigkeit, die als Gelassenheit ausgegeben wird (»Soll sie doch machen, was sie will. Ich rege mich darüber nicht mehr auf.«). An diesem Punkt entsteht dann Raum für eine »dämonischen Sichtweise« (Haim Omer 2007) als Erklärungsmuster.

Oder ich entscheide mich – in der Praxis eher das Ergebnis eines längeren Prozesses als eine rationale Entscheidung – dafür, standzuhalten. Ich schaffe mir strukturelle und persönliche Bedingungen, die es mir erlauben, eine fachliche Haltung zu entwickeln, es mit dem anderen Menschen auszuhalten und dies als aktiven Prozess zu gestalten. Das ist eine anstrengende Option, die aber nicht nur Kraft kostet, sondern auch sehr viel Energie freisetzen kann – bei beiden Beteiligten. Das Einnehmen einer »tragischen Sichtweise« (ebd.) kann dabei eine wichtige Stütze sein.

4   Biographische Notizen

> *»Ihr sagt:*
> *Der Umgang mit*
> *Menschen mit Behinderung**
> *ermüdet uns.*
> *Ihr habt recht.*
> *Ihr sagt:*
> *Denn wir müssen zu ihrer Begriffswelt hinabsteigen*
> *uns herunterbeugen, kleiner machen.*
> *Ihr irrt Euch.*
> *Nicht das ermüdet Euch,*
> *sondern, dass Ihr Euch hinstrecken müsst, auf die*
> *Zehenspitzen stellen, hin tasten müsst, um nicht zu*
> *verletzen.«*
> *(*im Original »Kinder« nach J. Korczak, Wenn ich wieder klein bin, 1973)*

Der polnische Arzt und Pädagoge Janusz Korczak beschreibt in seinem vor mehr als 100 Jahren erschienenen Buch – mit unveränderter Gültigkeit für die heutige Zeit – sehr zutreffend, welche Anstrengung die Entwicklung einer hingewandten Haltung zu Menschen bedeutet. Ganz besonders gilt dies für Menschen mit Behinderung und noch viel mehr für Menschen mit Behinderung und herausforderndem Verhalten.

Das bedeutet nicht, erwachsenen Menschen mit Behinderung ihr Erwachsensein und die dazu gehörenden Gefühle, Erlebensformen und vor allem Bedürfnisse abzusprechen. Gleichzeitig ist es sehr wichtig, gerade bei Menschen mit Intelligenzminderung und herausfordernden Verhaltensweisen das emotionale Entwicklungsalter oder das »Alter der Gefühle«, wie dies Tanja Sappok (2016) nennt, zu betrachten. Das Wissen um das sozial-emotionale Entwicklungsniveau (vgl. SEO nach Dosen 2018), kann uns in der Praxis helfen, bestimmte Verhaltensweisen oder Reaktionsformen unseres Gegenübers zu verstehen und entwicklungspsychologisch einzuordnen. Hierdurch wächst nicht nur das Verstehen der*des Anderen, sondern es zeigt uns auch Möglichkeiten auf, was wir dem betreffenden Menschen in einer bestimmten Situation – unabhängig von seinem Lebensalter – konfliktmindernd anbieten können.

Die gezeigten Verhaltensweisen und Stereotype verleiten uns oft, ein tieferes Verstehen durch rasches Handeln zu ersetzen und uns nur selten »auf die Zehenspitzen (zu) stellen, um nicht zu verletzen«. Gleichzeitig widerspricht vieles an dem gezeigten Verhalten unseren eigenen Normen und Vorstellungen von Konfliktlösungen oder der Gestaltung sozialer Beziehungen und damit den uns selbst wichtigen Werten, die wir gerade als Pädagog*innen den anvertrauten Menschen vermitteln möchten. Häufig hat dies dann bei uns ambivalente Gefühle von Nähe und Distanz zur Folge. Die betroffenen Menschen aber erleben diese Ambivalenz von Nähe und Distanz in ihrer Lebensgeschichte und tragen sie mit sich, um sie bei jeder neuen Begegnung zu überprüfen. In einer früheren Veröffentlichung habe ich dies ein »Leben zwischen Bauchgurt und Beziehung« (Bartelt 2007) genannt.

Kurz, es geht um die immer wiederkehrende Frage an uns als Begleitende »Hältst Du es mit mir aus, wenn ich mich Dir mit allen meinen Verhaltensweisen zeige?«

»Mit mir hält es niemand aus«

Viele der Kinder, Jugendlichen und Erwachsenen mit Intelligenzminderung und herausfordernden Verhaltensweisen haben im Laufe ihres Lebens die Erfahrung gemacht, dass sie eben nicht »ausgehalten« werden, dass der so sehr gewünschte Halt durch andere Menschen nicht im notwendigen, eben die »Not wendenden«, also überlebenswichtigen Maße erfahren werde konnte oder nicht mehr als ausreichend erlebt wurde. Das Gefühl der Unsicherheit oder gar Ohnmacht der begleitenden Menschen führt unwillkürlich zur Angst vor mangelndem Halt und verstärkt damit die Muster, die als nicht förderlich erlebt werden und nicht gewünscht sind.

Dies bedeutet dann in der Tat oft den Rückgriff der Umgebung auf immer striktere »Regeln« oder Begrenzungen und endet manchmal in der Anwendung freiheitsentziehender Maßnahmen, bis hin zu verschlossenen Zimmern oder Fixierungen.

Was bedeutet diese Situation ganz konkret für die Lebensgeschichte eines Menschen mit diesem besonderen Betreuungsbedarf?

Ich möchte dazu einige kurze Erfahrungen aus meiner Praxis in den letzten 10 Jahren der Begleitung von Kindern und Jugendlichen mit Behinderung anführen, die nicht außergewöhnlich sind, sondern in der Praxis tätigen Menschen bekannt vorkommen werden. Sie sind ebenso in keiner Weise exklusiv für das Erleben von Kindern und Jugendlichen, wie ich aus zahlrechen Beratungen zu erwachsenen Menschen weiß. Diese Beschränkung ist lediglich meinem Arbeitsfeld geschuldet.

Ich spreche von Kindern wie Jenny (vgl. Jenny – die Bedeutung der Erfahrung, »aus-gehalten« zu werden, ▶ Kap. 15), die nach der Herausnahme aus ihrer Familie als Kleinkind vier stationäre Einrichtungen durchlaufen hatte, in denen sie jeweils nicht weiter »pädagogisch« gefördert werden konnte, ehe sie in der von mir geleiteten Einrichtung aufgenommen wurde. Selten hat ein junger Mensch mich so angerührt wie diese »herausfordernde« Jugendliche, die neben vielen, vielen Ungewissheiten in ihrem Leben eines ganz sicher erfahren hatte: »Ich bin nicht liebenswert und ich sorge dafür, dass es mit mir niemand aushält!«

Schreiattacken, wüste Beschimpfungen, körperliche Angriffe auf Mitbewohner*innen und Mitarbeiter*innen, Infragestellung aller Regeln, Schulverweigerung und Abbruch in den ersten Tagen positiv verlaufener Praktika und so weiter zogen sich durch die 6 Jahre der Begleitung von Jenny. Im Hintergrund eine überforderte Klinik für Kinder- und Jugendpsychiatrie und ein sehr belastetes Betreuungsteam mit mehreren notwendigen Auszeiten von Bezugsbetreuerinnen bis hin zum Wechsel des Arbeitsplatzes innerhalb und auch außerhalb der Wohneinrichtung als Folge der ständigen Herausforderung und Übergriffe durch die Jugendliche.

Ich spreche von Menschen wie Stefan oder Sahra, die zu ihrem eigenen Schutz und dem Schutz ihrer Mitmenschen die Nacht in ihrem Zimmer eingeschlossen oder gar in ihrem Bett fixiert verbringen mussten und so umfassend eingeschränkt, isoliert und fremdbestimmt waren. Erst seit 2017 hat der Gesetzgeber eine verbindliche Regelung für den Umgang mit freiheitsentziehenden Maßnahmen (FEM) bei Kindern und Jugendlichen verabschiedet, die immer eine richterliche Genehmigung vorsieht (§ 1631b Absatz 2 BGB). Bis dahin war es den Sorgeberechtigten freigestellt, die Entscheidung über eine Fixierung oder andere freiheitsentziehende Maßnahme für ihr Kind zu treffen bzw. reichte ihre Zustimmung aus, um solche Maßnahmen in der Praxis anwenden zu dürfen.

Welche Gefühle von völliger Fremdbestimmung und Ausgeliefertsein solche freiheitsentziehenden Maßnahmen beim betroffenen Menschen hervorrufen, welche Auswirkungen sie auf die Entwicklung von Ängsten und Traumata haben und wie diese wiederum zur Verstärkung von im Wortsinn »not-wendigen« Mustern und Stereotypien führen, ist unschwer vorstellbar.

Ich spreche von Menschen wie Marleen, Dorothee, Asim oder Jannis. Alle lernte ich in den letzten Jahren kennen, und auch deren Eltern, die um die Aufnahme ihrer Kinder anfragten. Hintergrund dieser Aufnahmeanfragen war die völlige Erschöpfung der beteiligten Familienmitglieder, insbesondere der Mütter. Nachdem die zuständigen Schulen und Schulämter ein »Ruhen der Schulpflicht« oder eine Reduzierung der täglichen Unterrichtszeit auf 45–90 Minuten (ein wesentlich »einfacheres« Verfahren und allein in der Entscheidung der zuständigen Schule liegend) angeordnet hatten, betrug der Betreuungsauftrag der Eltern beinahe 24 Stunden täglich, ohne eine Perspektive hinsichtlich der Dauer dieser Maßnahme. Die allg. Schulordnung (etwa § 53 SchulG NRW) sieht selbst beim Schulausschluss als erzieherische Maßnahme nach grobem Fehlverhalten eines*r Schüler*in eine Befristung auf maximal 2 Wochen vor.

Bei der durch die Schule festsetzbaren Teilzeitbeschulung von Schüler*innen gibt es hingegen keine zeitliche Begrenzung oder Überprüfung der Maßnahme. In der Praxis wird sie daher immer wieder bei besonderen, überwiegend herausfordernden Verhaltensweisen angewendet.

Während zur Frage der Unverzichtbarkeit von Förderschulen auch angesichts fortschreitender inklusiver Beschulung intensiv geforscht und diskutiert wird, nehmen wir nicht wahr, dass es weiterhin Kinder und Jugendliche gibt, die die Voraussetzungen zur Teilnahme am Unterricht einer Förderschule auch mit individueller Schulassistenz scheinbar nicht erfüllen, so dass ihre Beschulung in Frage gestellt wird.

Diese Exklusion führt bei den betroffenen Familien dazu, dass die Tochter oder der Sohn nun (fast) 24 Stunden täglich in der Familie verbringt. In vielen Fällen führt dies zu einer solchen Überlastung der Eltern und Geschwister, dass die Familie keinen anderen Weg als eine stationäre Aufnahme für ihr Kind sieht, auch wenn dies zu einer nächsten Krise innerhalb der betroffenen Familie führt, die mit Schuldgefühlen und Selbstvorwürfen der Eltern einhergehen. Nicht selten wird den Eltern von Seiten der bisherigen Schule oder anderen Fachleuten eine »Heimaufnahme« empfohlen.

Ein solcher Schritt, eine Art zweites Scheitern des Familienentwurfes, zunächst durch die Feststellung der Behinderung des Kindes und nun durch das Scheitern der Betreuung und Sorge für das eigene Kind, wäre dabei nicht notwendig, wenn das Angebot der Schulbildung grundsätzlich und immer als ein unverrückbares Recht bestehen würde und so die Entwicklung entsprechender Beschulungskonzepte in jedem Einzelfall zwingend würde.

Die Eltern der 10-jährigen Marleen mussten sich – trotz Schulassistenz für ihre Tochter – bereit erklären, ihre Tochter jederzeit umgehend aus der Schule abzuholen, um die Voraussetzungen zu weiterer Beschulung zu erfüllen. Entsprechend mussten sie Vereinbarungen mit ihren Arbeitgebern treffen, dass sie je nach Situation ihren Arbeitsplatz verlassen konnten, um die Betreuung ihrer Tochter für den Rest des Tages zu übernehmen. Verbunden war dies mit dem Hinweis der Lehrer*innen, nun aber mit Marleen nichts »Schönes« zu unternehmen, um sie nicht noch zu belohnen.

Die Eltern von Dorothee, Asim und Jannis erfuhren, dass ihre Tochter, ihr Sohn ab sofort keine Schule mehr besuchen würde. Jannis wurde in unsere Einrichtung aufgenommen. Die Nähe zum Wohnort der Familie ermöglichte weiterhin einen Kontakt. Wöchentlich war sogar ein (begleiteter) Besuch bei der in einer Nachbarstadt wohnenden Familie möglich. Die auch bei uns sehr herausfordernde Betreuung machte auch hier den Einsatz einer zusätzlichen Mitarbeiterin unverzichtbar, die sich immer wieder neu auf Jannis einließ.

Nach zwei Jahren sehr anstrengender, aber erfolgreicher Begleitung von Jannis stellte der Kostenträger die Finanzierung der Zusatzkraft ein. Er hatte eine andere Einrichtung gefunden, die bereit war, Jannis ohne diese Zusatzkosten aufzunehmen. Die Einrichtung liegt allerdings ca. 200 km vom Wohnort der Familie entfernt. Nicht lange nach dem Wechsel brach der Kontakt von Jannis zu seiner Familie ab.

Gewiss, ich spreche bei meinen Erfahrungen überwiegend von Menschen, die in Wohnheimen leben. Diese haben, je früher ihre stationäre Biographie begann, umso mehr eine sehr tiefgreifende Erfahrung des »Nicht-mehr-ausgehalten-Werdens« gemacht, die schließlich dazu führte, dass ihre Familien sich nicht weiter in der Lage sahen, das eigene Familienmitglied zuhause zu begleiten.

Im nun erlebten »professionellen« Umfeld setzen sich »Haltverluste« im Sinne einer Unterbrechung gelungener Kommunikation mit der Umwelt fort und führen zum Rückgriff auf Lösungsmuster, die sich in der Vergangenheit bewährt haben. Stereotypien, die – gerade, wenn sie selbstverletzender oder fremdaggressiver Natur sind – zu weiteren Kommunikationsproblemen mit der Umwelt führen.

So entwickelt sich ein Teufelskreis, der, je länger dieses Erleben erfolgt, zu immer stärkerer Ritualisierung, bis hin zum scheinbar regelrechten Einfordern von Begrenzungen und Sanktionen durch den betroffenen Menschen auf der einen Seite – und einem Gefühl immer größerer Ohnmacht und pädagogischer Wirkungslosigkeit auf der anderen Seite führt.

Begleitet wird dieser Prozess der »Entfremdung« dadurch, dass zunehmend Botschaften des Interesses am Gegenüber ausbleiben. An ihre Stelle treten eher Routine, Resignation und Ratlosigkeit bei der*dem Professionellen und die Anwendung von »Regeln« und »Geboten« und eben das »Verharren« in stereotypen Verhaltensweisen beim betroffenen Menschen.

(Heil-)pädagogische Interventionen kommen dann immer seltener oder gar nicht mehr zur Anwendung. An ihre Stelle tritt eine täglich neu erlebte Sprachlosigkeit zwischen beiden Seiten. Der betroffene Mensch wird dies möglicherweise als weitere Bestätigung seiner Selbstwahrnehmung im Sinne von »Mit mir hält es niemand aus« oder gar »Ich bin nicht liebenswert« werten.

5 Grundannahmen

Meinen Überlegungen lege ich drei Annahmen zugrunde, von deren Gültigkeit für jeden Menschen ich ausgehe. So selbstverständlich diese Annahmen uns auch erscheinen mögen – bei der Wahrnehmung von Menschen mit Intelligenzminderung werden sie immer wieder vergessen oder ignoriert. Auch wenn das unseren Grundsätzen und Überzeugungen zuwiderläuft, sind wir in der Praxis immer wieder in der Gefahr, den betroffenen Menschen im Alltag als eine Person zu erleben, für die*den diese (und andere) Annahmen und Grundsätze zum Menschsein nicht oder nur eingeschränkt zu gelten scheinen. Deshalb ist es mir wichtig, diese Grundannahmen noch einmal in Erinnerung zu rufen.

Jeder Mensch ist auf Beziehung hin angelegt

Ich gehe davon aus, dass jeder Mensch auf Beziehung hin angelegt ist. Der Philosoph Martin Buber (1995) beschreibt dies mit dem wunderschönen Satz, dass »der Mensch am Du zum Ich« wird.

Wenn dieser Satz zutrifft, dann gibt es keine Menschen, die kein Interesse an Beziehung oder Bindung hätten, weil die Auseinandersetzung mit dem Gegenüber etwas ist, was den Menschen ausmacht. Dies bedeutet, dass etwa auch Menschen mit Störungen im Bereich des Autismus-Spektrums am Anderen Interesse haben. Vielleicht ist es ihnen nicht immer möglich, dies Interesse aktiv deutlich zu machen, so wie es uns nicht immer möglich ist, dieses Interesse zu verstehen. Vielleicht sind Unsicherheit oder Ängste ursächlich dafür, dass scheinbar kein Interesse an anderen Menschen besteht oder von uns wahrgenommen werden kann.

Wenn die Annahme von Martin Buber aber zutreffend ist, dann bin ich in der Tat grundsätzlich und immer in der Lage, pädagogisch wirkungsvoll zu handeln, und dann gilt die Wirksamkeit eben ohne Ausnahme, gerade auch bei Menschen mit sehr komplexen Behinderungen oder starken herausfordernden Verhaltensweisen.

Die Herausforderung für mich besteht dann darin, meine Wirksamkeit wahrzunehmen und darauf vertrauend zu handeln.

Jeder Mensch ist entwicklungsfähig

Ähnliches gilt für die zweite Annahme, dass jeder Mensch entwicklungsfähig ist. Was damit gemeint ist, wird verstehbar, wenn ich mich von der Vorstellung von »Entwicklung« als Ausdruck eines »Mehr« an Fertigkeiten oder Fähigkeiten löse und stattdessen Entwicklung als Aneignung von Welt verstehe. Das bedeutet, die Fähigkeit, mit der Welt in Austausch zu treten, ist nicht an einen bestimmten Entwicklungsstand gebunden und ist somit ebenso Menschen mit sehr schweren Beeinträchtigungen, aber auch dementiell Erkrankten möglich. Entwicklung ist gleichsam ein Synonym für die Aneignung von Welt. Diese Annahme hilft wesentlich, den (heil-)pädagogischen Blickwinkel über einen Zuwachs an Fertigkeiten, Fähigkeiten oder Lösungsalternativen hinaus zu erweitern und auch die bestehenden Kommunikationsmöglichkeiten bewusst wahrzunehmen.

Jeder Mensch bestimmt das Tempo seiner Entwicklung selbst

Und schließlich besagt die dritte Grundannahme, »Jeder Mensch bestimmt das Tempo seiner Entwicklung selbst«, das ich als Begleiter*in Prozesse anstoßen, aber nicht erzwingen kann. Dies ist auch eine Entlastung für die*den Begleitenden und nimmt ihm*ihr den Druck, Entwicklung in einem definierten Zeitfenster zu realisieren. Dies trägt zur Entschleunigung bei und ist damit gerade für die Begleitung von Menschen mit herausfordernden Verhaltensweisen eine förderliche pädagogische, aber ebenso therapeutische, Grundlage.

In der Praxis gibt es mir die Möglichkeit, meinen Blick nicht immer nur auf den »nächsten Schritt« zu richten, sondern im Moment zu verweilen. Teilhabepläne werden damit nicht auf die Zielformulierungen reduziert, die häufig ein »Fehlen« implizieren, einen nächsten notwendigen Schritt oder eine (noch) nicht genügend gestärkte Ressource. Vielmehr ermöglicht mir die Gewissheit und das Zutrauen, dass der begleitete Mensch das Tempo ihrer*seiner Entwicklung selbst bestimmt, ihr*ihm tatsächlich auf Augenhöhe zu begegnen.

In der Konsequenz heißt dies, den Menschen in seinem Sosein anzunehmen und ihm gleichwohl immer wieder »neue Wege« anzubieten, ähnlich, wie dies der Therapie bei »borderline-Störungen« zugrunde liegt. Ob der betroffene Mensch diese neuen Wege annehmen kann, liegt wesentlich bei ihm. Dies bedeutet kein Verharren im »Hier und Jetzt« und den Verzicht auf jeden entwicklungsfördernden Impuls; damit wird vielmehr eine Art »*Anregungsberechtigung*« begründet, die auf der Entwicklung einer verlässlichen Beziehung basiert. Und eben zu dieser verlässlichen Beziehungsgestaltung kann bei den von mir beschriebenen Menschen das »Aus-Halten« einen wichtigen Beitrag leisten.

Zu diesen drei so selbstverständlichen Grundannahmen kommt noch ein weiterer grundlegender Aspekt (heil-)pädagogischen Handelns. Die unbedingte Achtung der Würde der*des Anderen, ihrer*seiner Selbstbestimmung und ihrer*seiner Autonomie.

Selbstbestimmung und Autonomie

Offenheit bei der Wahrnehmung meines Gegenübers ermöglicht es mir, dem begleiteten Menschen stets Raum zur Selbstbestimmung zu geben und somit seine Autonomie zu stärken. Gerade bei Menschen mit Intelligenzminderung sind herausfordernde Verhaltensweisen oft Ausdruck eines Autonomiewunsches, der von ihrer Umwelt miss- oder gar nicht verstanden wird. Wir wissen, dass etwa das

Schmieren mit Kot oder das »Ruminieren« bei Menschen mit starker kognitiver Einschränkung sehr häufig Hinweise darauf sind, dass sie sich als »wirkungslos« in dieser Welt erleben. Als Reaktion der Umwelt auf die gezeigten »schwierigen« Verhaltensweisen folgt dann häufig eine noch stärkere Fremdbestimmung durch pädagogische Maßnahmen oder Begrenzungen, ohne gleichzeitig Möglichkeiten des Erlebens eigener Autonomie anzubieten.

Die unbedingte Achtung der Autonomie der Persönlichkeit und der Ausdrucksmöglichkeiten meines Gegenübers stellt eine der unverzichtbaren Grundlagen des »Aus-Haltens« dar. Sie realisiert sich in der konkreten Begegnung und bedarf immer wieder aufs Neue der Selbstreflexion. Das ist eine anstrengende Herausforderung für die*den Begleiter*in und stellt immer auch eine Gradwanderung zwischen Begleitungsauftrag und Raum zur Exploration dar. Es beginnt mit dem Verzicht auf eine vorwegnehmende Bewertung von Situationen und Interaktionen (»Ich weiß schon, was gut für Dich ist«), führt über die grundsätzliche Bewertung der jeweiligen Äußerungsform (nicht nur sprachlicher Art) als authentische Aussage dieses Menschen und reicht bis zur Akzeptanz, dass mein Verstehen eines anderen Menschen immer begrenzt ist (Dederich 2006, S. 105) und es außerhalb meines Einflusses liegende Bedingungsfaktoren einer Situation gibt (Pörtner, 1999; Mall, 2003).

In der Praxis gelingt es nicht immer, diesem hohen Anspruch gerecht zu werden. Gerade deshalb ist die Pflege einer fragenden Haltung, einer grundsätzlichen Skepsis meinen Erfahrungen und Kompetenzen gegenüber so wichtig. Vor allem setzt dies aber die Bereitschaft voraus, mich meinem Gegenüber zuzuwenden, hinzuhören und zu verstehen zu suchen, ehe ich Interventionen ansetze oder Maßnahmen einleite.

Winfried Mall (2003) hat diese Haltung mit »Ethos der Demut« beschrieben. Demut in diesem Sinn verzichtet auf Schuldzuweisungen (auch dem »System«, »Verantwortlichen, »der Gesellschaft« gegenüber), ohne »tragische« Situationen zu leugnen, aber mit der Bereitschaft, diese auch auszuhalten, wenn sich scheinbar keine Lösung abzeichnet.

Demut bemüht sich um Echtheit und Kongruenz von Verhalten und Gefühl, einschließlich der eigenen Erfahrungen wie Versagen, Wahrnehmen eigener Grenzen, von Leid oder Trauer und bekennt sich auch für mein Gegenüber wahrnehmbar dazu. Schließlich ist Demut kritikfähig und lernbereit, stellt ihre Überlegungen zur Diskussion und widersteht somit der Versuchung ein »allerklärendes und -gültiges« Konzept gefunden zu haben.

6 Bilder vom Gegenüber

In einer Lehrveranstaltung für angehende Heilpädagog*innen stellte ich das Beispiel einer 17-Jährigen vor, die ihr gesamtes Taschengeld für eine Monatskarte des ÖPNV ausgab, anstatt mit ihrem Behindertenausweis kostenfrei zu fahren, um dem vermeintlichen Stigma der Behinderung aus dem Weg zu gehen. Jeden Monat entschied sie sich erneut für die Monatskarte und gegen ihr Taschengeld. Nach mehreren Monaten fragte sie mich, ob es möglich sei, den Kindern und Jugendlichen ihrer Wohngruppe zum abendlichen Fernsehschauen wöchentlich (!) einige Süßigkeiten zur Verfügung zu stellen, die für alle sein sollten. Ihre Mitbewohner*innen brächten bisher ihre vom eigenen Taschengeld bezahlten Süßigkeiten mit. Sie selbst verfügte ja über kein Taschengeld, das ja für die Monatskarte benötigt wurde.

Ich fragte die Studierenden, wie sie entscheiden würden. Die Teilnehmergruppe diskutierte sehr engagiert und teilte sich rasch in zwei etwa gleich große Gruppen. Die eine Gruppe plädierte dafür, der Bitte zu entsprechen, in Anerkennung der unglaublichen Energie und Bereitschaft der Jugendlichen, anstatt auf die Monatskarte auf sehr viele Annehmlichkeiten zu verzichten. Die andere Gruppe vertrat die Meinung, aus Gründen »pädagogischer Konsequenz« auf keinen Fall dieser Bitte nachzukommen. Nur so könne das Mädchen für ihr späteres Leben lernen, mit Geld »richtig« umzugehen.

Dass die aus meiner Sicht beeindruckende Leistung der Jugendlichen von einem Teil der Studierenden nur wenig wertgeschätzt werden konnte, hat mich überrascht. Dass allerdings die berüchtigte »pädagogische Konsequenz« in diesem Zusammenhang zum Ausdruck (heil-)pädagogischer Fachlichkeit erhoben wurde, hat mich betroffen gemacht

Dass es uns in bestimmten Alltagssituationen nicht gelingt, unseren spontanen Emotionen zu folgen, ist eine für mich immer wieder irritierende Erfahrung. Da wird versucht, »Regeln« und »Absprachen« auch in hoch angespannten Situationen durchzusetzen. Da werden »Verträge« mit Bewohner*innen geschlossen, die dann im Lebensalltag wie Mietverträge an die Stelle des Aushandelns von Bedürfnissen treten.

In Fallberatungen erinnere ich häufiger an das vermutliche »sozial-emotionale Entwicklungsalter« (vgl. SEO nach Dosen) des vorgestellten Menschen. Kaum einer*m der Teilnehmer*innen ist es unbekannt, dass es Verzögerungen im Entwicklungsprozess gibt, und doch müssen sie immer wieder für sich feststellen, dass ihnen dieser Aspekt im Alltag oft entgleitet.

In der alltäglichen Begegnung scheint es uns schwerzufallen, hinter dem Erscheinungsbild des Menschen mit Intelligenzminderung das Bild des oft in seinen sozial-emotionalen Kompetenzen sehr viel jüngeren Menschen zu erkennen. Der Einsatz schriftlicher Vereinbarungen oder Absprachen, die wiederholte Diskussion bestimmter Sachthemen, aber vor allem Gefühle persönlicher Enttäuschung (»Das macht sie extra«, »Er tut das gezielt, um mich zu ärgern« oder »… und diese Undankbarkeit, nachdem ich so viel für sie getan habe«) deuten darauf hin, dass es schwer ist, die unterschiedlichen Konfliktlösungsmöglichkeiten eines Menschen gerade in angespannten Kommunikationssituationen wahrzunehmen.

Über viele Jahre hat sich die Heilpädagogik darum bemüht, das Bild des Menschen mit geistiger Behinderung als »unmündiges«, »großes Kind« endlich zu verändern und an seine Stelle das Recht auf Selbstbestimmung der eigenen Lebensgestaltung und entsprechend Teilhabe an gesellschaftlicher, kultureller und politischer Mitgestaltung gesetzt (u. a. »people first« oder »Expert*in in eigener Sache«).

Vielleicht hat das dazu beigetragen, dass wir nun das Bild des »Kindes« nur noch schwer zulassen können und damit die Akzeptanz von frühkindlichen emotionalen und sozialen Bedürfnissen auch beim erwachsenen Menschen (Sappok & Zepperitz 2016). Vielleicht verbirgt sich hinter dieser Wahrnehmung die professionelle Sorge vor Vorwürfen, den erwachsenen Menschen mit Behinderung nicht richtig ernst zu nehmen. Das ist umso erstaunlicher, weil wir selbst ja in unserem Alltagsleben ständig frühkindlich erworbenen Mustern begegnen und sie uns begleiten, ohne damit unser Erwachsensein grundsätzlich in Frage zu stellen.

Im Spannungsfeld zwischen Sicherheit – im Sinne einer Übernahme von Verantwortung für den begleiteten Menschen – und Selbstbestimmung (Glasenapp 2010) neigen wir in handlungsrelevanten Situationen dann, mit Blick auf die Selbstbestimmung meines Gegenübers, zum Verzicht auf aktives Handeln.

In einer weiteren Fallberatung berichtete das Betreuungsteam von einer Bewohnerin, die aufgrund eines »Sammelzwanges« zunehmend in ihrem Zimmer »vermüllte« und dabei eine zunehmende Anspannung entwickelte. Auf meine Frage, ob ihr schon einmal Unterstützung beim Aufräumen in ihrem Zimmer angeboten worden sei, antworteten mir die Mitarbeitenden, »man habe sie gefragt, aber das wolle sie nicht«. Dass zwischen einem fremdbestimmten »Ausräumen« des Privatbereichs und dem scheinbar der Selbstbestimmung folgenden völligen Verzicht auf ein Unterstützungsangebot eine Vielzahl weiterer Alternativen (»nur *ein* Gegenstand«, »du bestimmst, was weggelegt wird«, »Zwischenlagern an einem sicheren Ort«, Bestimmen des Termins einer begleiteten »Aufräumaktion«, etc.) bestehen, schien durch die alleinige Konzentration auf die Selbstbestimmung aus dem Blickfeld geraten zu sein. Einen Monat später berichtete mir das Team, dass die junge Frau dekompensiert sei und daher leider eine Einweisung in eine Klinik habe erfolgen müssen. Ein Schritt, der mit hoher Wahrscheinlichkeit weniger selbstbestimmt war als eine Aufräumaktion zusammen mit der Betroffenen.

7 Kleiner Exkurs zu mir selbst

Ich hoffe, dass Ihnen beim bisherigen Lesen Menschen eingefallen sind, die Sie in Ihrer beruflichen Praxis kennengelernt haben und ein Stück ihres Weges begleiten durften. Vielleicht nehmen Sie sich einen Moment Zeit, um über Ihre eigenen Haltungen und Ihr Bild vom Gegenüber nachzudenken. Vielleicht ist es nach diesen grundsätzlichen, eher theoretischen Überlegungen gut, einen Moment innezuhalten. Bisher war der Fokus sehr auf mein jeweiliges Gegenüber, ihre oder seine Erfahrungen mit Beziehungen und die dabei entwickelten Lösungsstrategien zur Auseinandersetzung mit der erlebten Umwelt, gerichtet.

Wenn Beziehung aber als partnerschaftlich verstanden werden soll, ist es notwendig, sich selbst als die*den zweite*n Akteur*in immer wieder in den Blick zu nehmen.

Ein Brief und vier Fragen

Legen Sie nach dem Lesen der folgenden kleinen Übungsanleitung das Buch aus der Hand (ich hoffe, das tun Sie auch sonst häufiger …), legen sich einen Block und Stift bereit und setzen sich für die nächsten Minuten bequem auf einen Stuhl, eine Decke oder ein Kissen. Wenn Sie möchten, können Sie dabei die Augen schließen.

> *»Spüren Sie einige Atemzüge lang Ihrer Ein- und Ausatmung nach und lassen dann Ihre Aufmerksamkeit zu Ihrer Stirn wandern. Wie gefüllt ist Ihr Kopf zurzeit? Vielleicht hilft es Ihnen, sich vorzustellen, dass Sie ein sehr schönes Gefäß besitzen, in das Sie Ihre aktuellen Gedanken füllen können. Dann schließen Sie es sorgsam, so dass sie Ihren Kopf ›frei‹ bekommen, ohne dass die anderen Gedanken verloren gehen.*
> *Denken Sie nun für einen Moment an Menschen mit Intelligenzminderung, denen Sie an Ihrem Arbeitsplatz oder in anderen Zusammenhängen begegnet sind. Achten Sie darauf, dass der Abstand zwischen Ihnen und dem betreffenden Menschen so ist, dass es Ihnen gut geht. Sie bestimmen die Nähe und Distanz.*
> *Spüren Sie nach, ob es einen Menschen dabei gibt, bei dem Sie einen Moment verweilen, weil er Sie besonders beschäftigt, rätselhaft oder beeindruckend erscheint.*
> *Lassen Sie Ihren inneren Blick eine kleine Weile auf ihr oder ihm ruhen. Wie ist ihre*seine Mimik und Gestik, wie bewegt sie*er sich, wie klingt ihre*seine Stimme, etc. Verweilen Sie einen Moment bei diesem Bild.*
> *Dann verabschieden Sie sich von ihr*ihm, kehren zu Ihrer Ein- und Ausatmung zurück, folgen ihr einige Atemzüge lang und bewegen dann wieder ihre Finger, Hände, Zehen*

> *und Füße und dann den Oberkörper, Po und Beine und öffnen, falls Sie dies geschlossen hatten, Ihre Augen und kehren gedanklich ins Hier und Jetzt zurück.«*

Ich bitte Sie nun, dem Menschen, der Ihnen gerade gedanklich begegnet ist, einen Brief zu schreiben. Inhalt und Form sind Ihnen vollkommen freigestellt. Da es Ihr Brief ist, ist es auch unerheblich, ob die*der Empfänger*in des Briefs diesen lesen kann. Danach falten Sie den Brief und verwahren ihn an einem sicheren Ort.

Ich wünsche Ihnen eine gute Erfahrung.

Wenn Sie möchten, können Sie später versuchen, die nachfolgenden vier Fragen in Bezug auf den Menschen, dem Sie gerade geschrieben haben, zu beantworten.

Vier Fragen

Der Paradigmenwechsel in der Heilpädagogik vollzieht sich in immer kürzeren Abständen, er gewinnt gewissermaßen an Geschwindigkeit. Obwohl mit Protagonisten wie Hanselmann, Kobi oder Moor eine wissenschaftliche Heilpädagogik seit den 1930er Jahren entstand, bezog sich diese noch lange Zeit vorrangig auf Schulbildung. So lernte ich in meiner ersten Ausbildung zum Heilerziehungshelfer Mitte der 1970er Jahre nach wie vor eine Unterscheidung von Menschen mit Behinderung in »bildungsfähige Menschen mit geistiger Behinderung« und »pflegebedürftige Schwachsinnsformen« (Schmuhl & Winkler 2013). Obwohl die Lebenshilfe bereits seit 1958 bestand, begann in der Praxis gerade der Übergang von einer pflegeorientierten Versorgung von Menschen mit Behinderung hin zu ersten umfassenderen (heil-)pädagogischen Sichtweisen. Erst Ende der 1970er Jahre wurden in den einzelnen Bundesländern Mindestkriterien zur Aufnahme in eine Förderschule geistige Entwicklung (damals Sonderschule für Geistig Behinderte) abgeschafft. Ich habe aus meinem Sonderpädagogikstudium vor 45 Jahren nie vergessen, dass eine der skurrilsten Kriterien für die Aufnahme in eine Sonderschule für Geistig Behinderte in NRW verlangte, dass »der Schüler einen Umgang mit Gegenständen erkennen lässt, der über ein dranghaftes Hantieren hinaus geht«.

Die Ausgrenzung von Menschen mit schweren oder komplexen Behinderungen aus dem Betrachtungsfeld der Heilpädagogik liegt nun glücklicherweise eine Reihe von Jahren zurück. Dies ist unter anderem dem Engagement von Pädagog*innen wie Andreas Fröhlich oder Monika Jonas für Menschen mit mehrfachen Behinderungen zu verdanken. In der Folge hat das zu einer deutlich größeren Berücksichtigung dieses Personenkreises durch die Fachöffentlichkeit auch in der Inklusionsdebatte geführt. Eine entsprechende Einbeziehung von Menschen mit Intelligenzminderung und herausfordernden Verhaltensweisen in die Inklusionsdebatte gibt es jedoch bislang nicht in vergleichbarer Weise.

Nach wie vor ist die gesellschaftlich vorherrschende Sichtweise des Menschen mit Behinderung geprägt von der Frage »Was *kann* sie oder er *nicht*?« Diese Defizit- oder *Unterstützungs-orientierte* Sichtweise auf betroffene Menschen prägt immer noch die Wahrnehmung durch ihre Umwelt. Nach wie vor ist die eigene lebensgeschichtliche Erfahrung von Menschen mit Behinderung »Ich sollte anders sein«.

Auch bei aller Akzeptanz des besonderen Kindes durch seine Familie wird zumindest eine Ambivalenz mitschwingen (»Ich liebe Dich als mein Kind, aber es ist manchmal so schwer mit Dir …«). Das »Anderssein« zieht sich durch die als notwendig erachteten Therapien, setzt sich fort bei der Schulassistenz und prägt auch den*die »Integrationsschüler*in« in einer Regelschule usw. Je älter der betroffene Mensch wird, umso tiefer wird sich das Gefühl des »Ich bin nicht richtig«, allen Teilhabeversuchen zum Trotz, in seiner erlebten Biographie festigen.

Der Primat, diese Schwächen, Fehler oder Beeinträchtigungen zu mindern oder auf zu heben, war auch für die Heilpädagogik bis vor 50 Jahren bestimmend (vgl. Heinz Bach 1967). In den 70er und 80er Jahren des letzten Jahrhunderts verschob sich dieser Focus in der Heilpädagogik hin zu einer Sichtweise auf die vorhandenen Fähigkeiten und Ressourcen. Die (heil-)pädagogische Diskussion entwickelte sich von der »Behandlung der Defizite« hin zur Wahrnehmung und Nutzung der vorhandenen Stärken und Ressourcen des betroffenen Menschen. Entsprechend wurde »Was *kann* sie oder er?« zur leitenden Fragestellung.

Die nachfolgenden 90er Jahre brachten dann einen grundsätzlichen Paradigmenwechsel. An die Stelle der Beschreibung von Menschen mit Unterstützungsbedarf durch (professionelle) nichtbetroffene Menschen trat zunehmend die Einbeziehung der von Behinderung Betroffenen selbst. Seit den Anfängen institutionalisierter Angebote für Menschen mit Behinderung und erster Veröffentlichungen hierzu (vgl. Georgens und Deinhardt 1861) ab der 2. Hälfte des 19. Jahrhunderts war der Blick auf die Menschen mit Behinderung immer auch von Wertungen *über* die Betroffenen geprägt. Ausgehend von medizinischen und theologischen Betrachtungsweisen behinderter Menschen, ergänzt später durch pädagogische und/oder therapeutische Perspektiven wurde das Bild des betroffenen Menschen durch die Wahrnehmungsmuster der*s jeweiligen (fachlichen) Betrachter*in geprägt. Der Fokuswechsel zur Selbstbestimmung stellte einen grundsätzlichen Paradigmenwechsel dar. Erstmals war nicht mehr die Sichtweise einer professionellen Disziplin über Menschen mit Intelligenzminderung bestimmend, sondern die betroffenen Menschen kamen selbst zu Wort. Als Meilenstein auf diesem Weg wird oft der Kongress der Europäischen Liga von Vereinigungen für Menschen mit Behinderung 1985 in Hamburg genannt (vgl. Schmuhl & Winkler 2018). Entsprechend kennzeichne ich diese Phase mit der Frage nach »Was *möchte* sie oder er?« (vgl. Bothe 1986; Gromann-Richter 1989).

Die *Selbstbestimmungs-Orientierung* brauchte von der akademischen Diskussion bis in die Praxis ein Jahrzehnt und prägt Vorstellungen und Zielorientierungen nun seit 20 Jahren, seit 2006 verstärkt durch die UN-Behindertenrechtskonvention und die zunehmende Inklusionsdebatte.

Diese Fokusverschiebung hat eine deutlich veränderte (Selbst-)Wahrnehmung der Menschen mit Beeinträchtigung zur Folge und für uns Professionelle einen tiefgreifenden Einfluss auf unsere berufliche Identität gerade als (Heil-)Pädagog*innen. Dies wird auch durch veränderte Begrifflichkeiten deutlich. Die »Hilfeplanung« wurde zur »Teilhabeplanung«, aus den »Leistungsempfängern« wurden »Leistungsberechtigte« und so fort. In der Praxis ist es nicht immer leicht, unser erzieherisches, pädagogisches oder förderndes Selbstverständnis mit der »neuen« Handlungsoption des *»Assistierens«* in Einklang zu bringen.

Die Entwicklung der (Heil-)Pädagogik von einer Unterstützungs-(Defizit)orientierten Sichtweise »Was *kann* der Mensch *nicht*?« über eine Ressourcen-(Förder-)dominierte Fragestellung »Was *kann* der Mensch?« hin zu einer Bedürfnis-(Selbstbestimmungs-)orientierten Haltung »Was *möchte* der Mensch?« hat vor allem im letzten Jahrzehnt tiefgreifende Veränderungen der Sichtweise und des Menschenbildes von Betroffenen in heilpädagogischen Konzepten mit sich gebracht. Selbstbestimmung und Teilhabe sind Grundlagen jeder Inklusion und ermöglichen erst eine Befreiung des Menschen aus Abhängigkeit und Ausgrenzung.

Meines Erachtens bedarf es hier im Blick auf Menschen mit Intelligenzminderung und herausforderndem Verhalten einer Erweiterung um eine vierte »leitende« Frage. Selbstbestimmung und Teilhabe setzen voraus, dass ich mir meiner Bedürfnisse bewusst bin. Viele Menschen mit herausfordernden Verhaltensweisen aber sind in ihrer Lebensgeschichte durch die Art, ihre Bedürfnisse zu äußern, immer wieder in Konflikte mit ihrer Umwelt geraten und mussten das Scheitern einer gelingenden Kommunikation und damit »Aneignung von Welt« erleben.

Von daher muss meines Erachtens eine vierte Frage ergänzt werden: »Was *braucht* der Mensch?« Sie wirkt, indem sie auf den drei vorherigen Fragen aufbaut, wahrnehmungserweiternd und führt so erst zur *Sinnstiftung* meines Handelns im Kontakt mit dem Menschen. Eine Antwort auf diese Frage kann ich nur erwarten, wenn ich mich »hinstrecke«, wie Korczak das nennt, also hinhöre und die Antworten nicht bereits kenne. Erst dadurch unterstütze ich den von mir begleiteten Menschen darin, nicht mehr Angst vor den eigenen Bedürfnissen zu haben, die so oft in ihrem*seinem Leben zu Konflikten und Kommunikationsproblemen führten, sondern diese eigenen Bedürfnisse als nicht bedrohlich wahrzunehmen und deutlich zu machen.

8 Gedanken zum Verhältnis von (Heil-)Pädagog*innen zu Erziehung und Therapie

Zeitgleich mit dem Übergang von einer Defizit-orientierten Sichtweise zu einer Ressourcen-orientierten Haltung in den 70er Jahren des letzten Jahrhunderts wurden therapeutische Angebote zunehmend auch bei und für Menschen mit Intelligenzminderung entwickelt und eingesetzt. Psychotherapie, Physiotherapie, Logopädie, Ergotherapie gewannen enorm an Bedeutung und Einfluss. Ihre im Gegensatz zur (Heil-)Pädagogik vermeintlich klarer operationalisierbaren Zielsetzungen führten nicht nur zu einer Ergänzung bisher eher (heil-)pädagogischer Erziehungskonzepte, sondern sogar zu einer Vorrangstellung gegenüber pädagogischen Bemühungen. Gerade Eltern von Kindern mit Entwicklungsverzögerungen oder Behinderung konzentrieren ihre Hoffnungen und Erwartungen wesentlich auf erhoffte Erfolge durch Therapie. Dies erleben Schulen ebenso wie Wohnangebote, wo die dort tätigen Pädagog*innen oft eine Fokussierung von Eltern auf Therapieerfolge erleben, die mit einer Abwertung der (heil-)pädagogischen Bemühungen einherzugehen scheint. Die Erfahrung oder das Gefühl einer »Geringschätzung« als (Heil-)Pädagog*innen verstärkt gleichzeitig die Bereitschaft, uns ebenfalls therapeutischen Ansätzen zuzuwenden, um dann zumindest in diesem Bereich Anerkennung zu erhalten. Die Integration therapeutischer Erkenntnisse in mein (heil-)pädagogisches Handeln ist ein selbstverständlicher und wichtiger Teil meines beruflichen Handelns. Wenn ich allerdings meine fachliche Identität nicht mehr über meine pädagogische Kompetenz, sondern, losgelöst von dieser, über andere – in diesem Fall therapeutische Ansätze – beschreibe, gerate ich in ein Dilemma. Therapie stellt die Frage nach Ursachen von diagnostizierten Besonderheiten, etwa einer Angststörung, Sprachstörung oder Bewegungsstörung, um daran orientiert ein Angebot zu machen, das einer Besserung oder Bewältigung beim Betroffenen dienen soll. (Heil-)Pädagogik hingegen richtet ihr Augenmerk eher auf das Erleben der kommunikativen und sozialen Folgen der beobachteten »Störung« für den begleiteten Menschen in der aktuellen Gegenwart und der anstehenden Zukunft. Sie orientiert sich an der Frage »Wie kann ich mit meinen vorhandenen pädagogischen Kompetenzen die*den Betroffene*n dabei unterstützen, aktuell und künftig sich stellende Anforderungen möglichst gut zu bewältigen?« (vgl. Rene Hofer 2007). Therapeutische und (heil-)pädagogische Herangehensweisen haben jeweils wichtige und berechtigte eigene Begründungen. Sie können aber zu unterschiedlichen Antworten und damit Handlungsschritten führen. Wenn bei uns (Heil-)Pädagogen in der Praxis aus Sorge vor der vermeintlich wirkungslosen (heil-)pädagogischen Intervention die Hoffnung auf Lösungen durch Therapien an die Stelle unserer eigenen pädagogischer Bemühungen tritt, besteht die Gefahr, dass die ureigenen Möglichkeiten der (Heil-)Pädagogik nicht mehr wahrgenommen und gar vernachlässigt werden. Das »Aus-Halten« ist eine dieser »ureigenen Möglichkeiten« eines (heil-)pädagogischen

Angebotes. Es dient nicht allein der Stärkung (heil-)pädagogischer Identität, sondern eröffnet ganz konkrete Handlungsmöglichkeiten im Alltag.

Reduzierung auf störende Anteile

In der Begleitung von Menschen mit herausfordernden Verhaltensweisen sind wir immer wieder in Gefahr, in unserer Wahrnehmung des Menschen bei der ersten Frage »Was *kann* sie oder er *nicht*?« und damit bei einer Defizit-orientierten Sichtweise zu verharren, die eine Fixierung auf das gezeigte störende Verhalten bedeutet (und hierdurch unbewusst das gezeigte Problemverhalten verstärkt). In der Praxis sieht das oft so aus, dass Tage, an denen das Problemverhalten nicht gezeigt wird, damit zu »guten Tagen« erklärt werden.

Die reduzierte Wahrnehmung unseres Gegenübers, bei der nur die störenden Anteile ihrer*seiner Persönlichkeit ins Auge fallen, stellt eine der besonderen Gefährdungen unseres professionellen Handelns dar. Wir laufen Gefahr, den betroffenen Menschen nicht weiter in den vielen unterschiedlichen Facetten ihrer*seiner Persönlichkeit wahrzunehmen, sondern ein sehr enges »Menschenbild« zu entwerfen, welches unser Handeln künftighin bestimmt und kaum Raum für Entwicklung lässt. Dies bedeutet im pädagogischen Alltag nicht, dass wir stets und in jeder Situation alle Möglichkeiten und Verhaltensalternativen des begleiteten Menschen in den Blick nehmen. Wichtig ist es vielmehr, dass wir von Zeit zu Zeit innehalten, um ganz bewusst immer wieder unsere Wahrnehmung zu überprüfen und zu erweitern. Dabei kommt es mir dabei besonders darauf an, dass die erweiterte Wahrnehmung uns hilft, unsere Empathie zu stärken, um eine »Dolmetscher*innen« oder »Anwält*innenfunktion« einnehmen zu können. Mit der Unterstützungsfunktion für die*den Betroffene*n begrenzen wir uns aber auch auf bestimmte Persönlichkeitsbereiche. Es geht nicht darum, alle Anteile der Persönlichkeit unseres Gegenübers zu erfassen. Das wäre nicht nur vermessen, sondern auch bedrohlich für die Autonomie und Privatheit, die es unbedingt zu wahren gilt. Markus Dederich fragt zu Recht mit Bezug auf Waldenfels (2002), »woher die Vertretende Instanz die Autorität nimmt, für andere zu sprechen und zu entscheiden«, bzw. ob »es überhaupt möglich (ist), ein adäquates Wissen vom anderen Menschen zu erlangen und diesen zu verstehen?« (Dederich, 2006). Die kritische Frage nach dem Wissen und die daraus abgeleiteten Vertretungsrecht verweist uns darauf, dass wir beides in der Praxis immer wieder neu und bei jedem Menschen aufs Neue hinterfragen müssen. Keine Diagnose oder Störung hebt dieses ganz persönliche Recht auf. Die Privatsphäre von Menschen mit Behinderung ist immer ein besonders bedrohter Bereich und setzt entsprechende Sensibilität bei uns Professionellen voraus. Was in »Vertretung« des betroffenen Menschen in Gesprächen oder am Telefon oder in der Dokumentation an Informationen an Dritte weitergeben wird, überschreitet nicht selten diese Grenze.

Schon 1980 schrieb Heinz Bach – wahrlich kein früher Vertreter des Selbstbestimmungsrechts von Menschen mit Behinderung – in seinem Essay »Die Gedanken des Peter M.«: »… und sie schreiben es in ihre Bücher. Das bleibt da lange stehen und sie zeigen es jedem …« (Heinz Bach, 1980). Ich erlebe immer wieder Fallbesprechungen, an denen Kurzzeitpraktikant*innen teilnehmen und in denen über sehr intime – zum Beispiel sexuelle – Verhaltensweisen eines Menschen gesprochen wird, obwohl dafür kein Anlass aus der Praxis gegeben ist.

Die zweite Feststellung Dederichs von der »Unausdeutbarkeit des anderen Menschen« (2006) zielt wie Omers Diktum »Es gibt keinen privilegierten Einblick in die Erfahrungswelt eines anderen« auf die prinzipielle Begrenztheit unseres Erkennens und Verstehens.

Entsprechend bedeutet die aus der Frage nach »Was *braucht* sie oder er?« folgende Handlungsoption des »*Sinnstiftens*« keine »bessere« Fragestellung, sondern eine Zusammenfassung meiner Antworten auf die vorhergehenden drei Fragen. Sie dient damit im besten Fall einer Wahrnehmungserweiterung dergestalt, dass ich mich (immer wieder) bemühe, nicht einer einzelnen leitenden Frage nachzugehen, sondern die drei vorhergehenden Ansätze des »Unterstützens«, »Förderns« und »Assistieren« miteinander zu verbinden, um dem betroffenen Menschen einen gemeinsamen Weg neben seinen gleichberechtigten eigenen Wegen anbieten zu können.

Wenn ich nicht weiß, wo die oder der Andere steht, welchen Unterstützungsbedarf und welche Ressourcen oder welche Bedürfnisse und Wünsche sie oder er hat, laufe ich Gefahr, Angebote zu machen, die mein Gegenüber nicht erreichen und so eine Beziehung erst gar nicht entstehen kann.

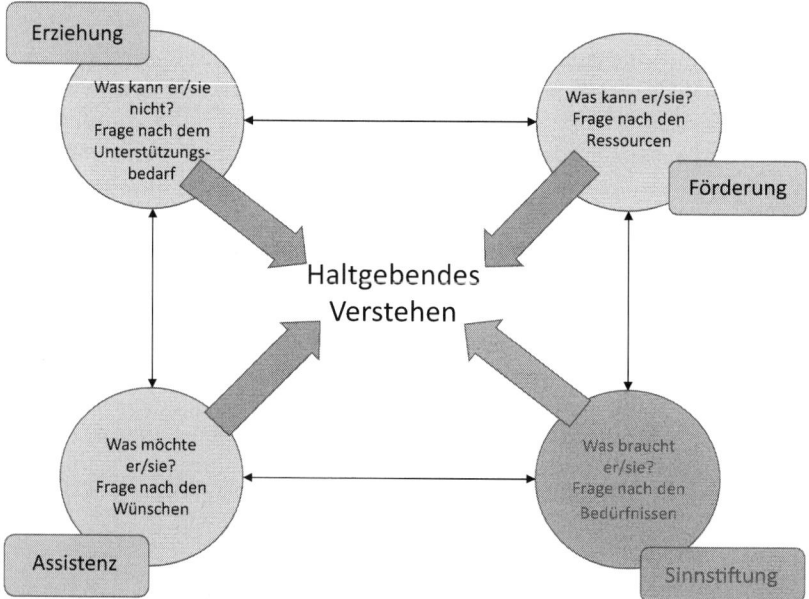

Abb. 1: Entwicklung »Haltgebenden Verstehens«: Die drei Grundfragen nach Unterstützungsbedarf, Ressourcen und Wünschen ermöglichen die Entwicklung der sinnstiftenden Frage nach den Bedürfnissen. Alle vier Fragen sind für die Entwicklung »Haltgebenden Verstehens« wichtig

Teil II: Haltgebendes Verstehen

9 Haltung, Halten und Halt

Zum Begriff der »pädagogischen Haltung« in der Erziehungswissenschaft

In den letzten Jahren ist der Begriff der »Haltung« in den pädagogischen Diskurs zurückgekehrt. In zahlreichen Veröffentlichungen wird der »pädagogischen Haltung« der*des Professionellen eine große Bedeutung für die Wirksamkeit ihres*seines Handelns beigemessen (vgl. Hattie-Studie, 2008). Nach Hattie braucht es neben der fachlichen Kompetenz vor allem eine »ethische, zugewandte Haltung«. Das ist eine interessante Entwicklung, angesichts der Tatsache, dass sich der Begriff der »Haltung« etwa in der 12-bändigen Enzyklopädie »Erziehungswissenschaft« von 1986 überhaupt noch nicht finden lässt (vgl. Schwer & Solzbacher 2014, 25). Die Betonung und zugesprochene Bedeutung der »Haltung« des*der Professionellen für das Gelingen der Beziehung zur*m Klient*in basieren also auf einem Begriff, dessen inhaltliche Konturen bisher noch unbestimmt sind und damit offenbleibt, was denn nun »Haltung« eigentlich ausmacht.

Eine wissenschaftliche Beschreibung des Begriffes »Haltung« gibt es bislang nicht. Vielmehr bleibt der Begriff inhaltlich vage und wird zudem, ohne einen großen Unterschied zu machen, oft synonym mit »Einstellung« angewandt. In Lexika wird Haltung als »mehr oder weniger dauerhafte Einstellung einer Persönlichkeit« (DTV Brockhaus Lexikon 1995, Band 7, 290), »durch frühere Erfahrungen und kulturelle, milieubedingte, erzieher. Einflüsse herausgebildete verinnerlichte Haltung« (Die Zeit, Das Lexikon, 2005, Bd. 6, 206) oder »innere (Grund)einstellung, die jemandes Denken und Handeln prägt« (wikipedia), beschrieben.

Deutlich wird bereits aus diesen kurzen Beschreibungen, dass Haltung individuell geprägt ist und vor allem keine ethische und moralische Wertung enthält.

Daher ist es sehr interessant, dass eine der ältesten Beschreibungsversuche einer gewünschten Haltung des Pädagogen (»Schullehrer«) in Georg Krünitz' »Oeconomischer Encyclopädie« vor fast 200 Jahren (1828, Bd. 149 zit. n. Schwer & Solzbacher, S, 21) folgende Forderungen an den Pädagogen stellte:

1. »Strenge Aufmerksamkeit auf sein Inneres« (Selbstreflexion)
2. »Psychologisch richtige Schätzung der Fehler der Jugend und das fleißige Zurückversetzen in ihre Lage« (Empathie)
3. »Innere Vollkommenheit des Charakters« (Charakterstärke) und
4. »Der Charakter des Lehrers (muss) so sein, dass der der Jugend Achtung abnötigt« (authentische und pädagogische Autorität).

Alle vier Forderungen, in Gegenwartsbegriffe übertragen, sind heute fast unverändert aktuell. Das bedeutet, dass der Begriff der »Haltung« erst durch das Handeln in der Praxis immer wieder neu »gefüllt« werden muss.

Der Begriff der Haltung in der Heilpädagogik

In der Geschichte der jüngeren Heilpädagogik begegnet uns der Begriff der »Haltung« bei Hanselmann, Kobi oder Paul Moor (vgl. Urs Haeberlin 2005, Michaela Menth 2020). Auch Heinz Bach (1974, 59) formuliert acht Anforderungen an eine »heilpädagogische Haltung«:

- Erfülltheit von der Aufgabe
- Zugewandtheit zum Kind
- Aufgeschlossenheit (Annahme des Kindes)
- Bestimmtheit
- Verlässlichkeit
- Zuversichtlichkeit
- Zufriedenheit
- Lebendigkeit.

Michaela Menth (2020) unterscheidet beim Begriff »heilpädagogische Haltung« zwischen drei Denkarten. Sie findet zum einen die Betonung von Eigenschaften (etwa bei Hanselmann, Bach oder Haeberlin), zum andern die Bedeutung von Tugenden (etwa bei Gröschke oder Häußler) und schließlich die Beschreibung von Haltung über Leitsätze (etwa bei Kobi, Lotz, Moosecker und Hofer).

Ich möchte mich an Rene Hofers Aussagen zur »heilpädagogischen Haltung« orientieren, da sie meines Erachtens zu den konkretesten Folgerungen für das praktische Handeln der*des Heilpädagog*in führen. Hofer hat in seinen »Betrachtungen zur Berufsethik der Heilpädagogik« einen Versuch unternommen, sich der »Heilpädagogischer Haltung« inhaltlich anzunähern, indem er fragt, »auf welchen ethisch und anthropologisch begründbaren Denk- und Handlungsmustern ein berufliches Handeln im Dienste von Schwachen und Benachteiligten eigentlich beruhen soll« (Hofer 2007, 25 ff). Aus seiner fachlichen Sicht steht die »heilpädagogische Haltung« im Widerspruch zu einer »Pädagogik des Bewerkstelligens«. Er verbindet diese Abgrenzung mit der Kritik an der Heilpädagogik sowohl in der Theorie als auch der Praxis, da diese zu häufig mit dem Anspruch des »Verändern-Wollens« auftritt.

Neben einer deutlichen Abgrenzung zu den sehr problematischen idealisierten Forderungen an die*den gute*n Heilpädagog*in (wie etwa dem Begriff des »eros paidagogos« bei Hanselmann, 1941, 177) benennt Hofer drei Elemente als Basis einer wünschenswerten »heilpädagogischer Haltung«:

- aus anthropologischer Sicht: die Achtung der menschlichen Würde,
- aus psychologischer Sicht: Wertschätzung und emotionale Wärme, Echtheit und Echtsein sowie einfühlendes Verstehen
- und aus pädagogischer Sich: Gegenwartsbezogenheit und Zukunftsorientierung sowie Skepsis.

Gerade das dritte Element des Gegenwarts- und Zukunftsbezuges zeichnet das (heil-)pädagogische Handeln aus, nicht die Vergangenheitsbewältigung. Dies unterscheidet (Heil-)Pädagogik, wie oben bereits gesagt, von der (Psycho-)Therapie und bedeutet immer die Notwendigkeit, sich im Hier und Jetzt verhalten zu müssen – ungeachtet fehlender oder bestehender Diagnosen und biographischer (Un-)Gewissheiten.

Hofer verwendet den Begriff der »Skepsis«, um eine selbstreflexive Grundhaltung zu beschreiben. Ungeachtet meiner gemachten bisherigen Erfahrungen, meines Wissens und meiner Kompetenzen bleibt es wichtig, in der Begegnung mit einem Menschen mit Intelligenzminderung »skeptisch« gegenüber meinen eigenen Gewissheiten und grundsätzlich offen für neue und manchmal auch unerwartete und überraschende Erkenntnisse zu bleiben. Diese Haltung bewahrt mich davor, mein Gegenüber in Kategorien oder vermeintliche Behinderungsbilder und diesen zugeschriebenen Eigenschaften oder Verhaltensweisen einzuordnen und meine Wahrnehmung entsprechend einzuschränken. Sabine Schäper (2020, 37) verwendet den Begriff in einem weiteren, gesellschaftlich-politischen Zusammenhang und fordert, »Kritik zur Grundhaltung zu erheben – einschließlich einer Haltung der Kritik sich selbst und den Fallen und Verführungen gegenüber, denen wir – als ›Kinder der Ökonomisierung‹ – immer wieder auch selbst erliegen«.

In Anlehnung an Häussler (2000) fordert Rene Hofer eine von einer skeptischen Sicht geprägte

- »Offenheit«,
- »Gelassenheit« und
- »Hoffnung«

als die wesentlich förderlichen drei Haltungen für Heilpädagog*innen.

Ich möchte diese drei Haltungen gerne mit meinen Überlegungen zum und Vorstellungen vom heilpädagogischen Handeln verbinden.

Offenheit

Offenheit bedeutet für mich, mich vorbehaltlos auf mein Gegenüber einzulassen. Das beinhaltet die Bereitschaft, gemachte Erfahrungen zu überprüfen und möglicherweise neue Wahrnehmungen und damit auch veränderte Sichtweisen zuzulassen.

An dieser Stelle wird die Bedeutung der Theorie in der Rehabilitationswissenschaft noch einmal besonders deutlich. Aufgabe der Theoriebildung ist die Verantwortung für »einen Prozess des Sich-Lösens – von vorgefassten Erwartungen, lieb gewonnenen Gewissheiten, der Neigung zum Besserwissen, allzu entlastenden Routinen des Wahrnehmens, Denkens, Forschens und auch selbstgewissen moralischen Urteilens (einer in der Behindertenpädagogik recht weit verbreiteten Neigung)« (Dederich, 2006). Dederich nennt in diesem Sinne die Aufgabe der Theorie eine »Störfunktion« für die Praxis. Dieser Anspruch an eine ständige Skepsis gegenüber eigenen vermeintlich sicheren Erkenntnissen stellt eine große Herausforderung dar. Er kann nur eingelöst werden, wenn ich für mich die Aspekte von eigenem Schutz, Sicherheit und Zeiten der Ruhe im Blick behalte. Das gelingt am ehesten, wenn dieses Einlassen zwar vorbehaltlos, nicht aber stets und in jedem Augenblick von mir gefordert wird, sondern immer wieder neu und so auch Phasen der Distanz miteinschließt. Wie viele Menschen, sind ganz besonders auch Menschen mit Intelligenzminderung und herausfordernden Verhaltensweisen oft selbst nur wenig in der Lage, ihre Beziehungsgestaltung so zu steuern, dass ihnen eine Balance von Nähe und Distanz durchgängig gelingt. Vielmehr kommt es häufiger zu einem Ungleichgewicht und manchmal für die Umgebung nur schwer nachvollziehbaren Stimmungsänderungen, die bei intensiven Nähe- ebenso wie Distanzwünschen zu Konflikten führen können. Diese Konflikte haben in der Biographie vieler Menschen mit herausforderndem Verhalten häufig den Verlust von Offenheit bei begleitenden Menschen zur Folge gehabt und nicht selten zu Abbrüchen von Beziehungen geführt und damit das Gefühl verstärkt »Mit mir hält es niemand aus«. Offenheit ist hingegen die Fähigkeit, grundsätzlich eine andere – nicht immer bessere – Wendung, als die von mir erwartete, zulassen zu können, ohne die grundsätzliche Beziehung in Frage zu stellen.

Gelassenheit

Um die Haltung der Gelassenheit richtig zu verstehen, ist es notwendig, diese von der Gleichgültigkeit abzugrenzen. In der Begleitung von Menschen mit besonderen Verhaltensweisen gibt es eine regelrechte Gradwanderung zwischen der »Gelassenheit« und der »Gleichgültigkeit«. Beide Haltungen liegen wie bei einem Kammweg unmittelbar nebeneinander und könnten doch kaum verschiedener sein und wirken. Die beiden wesentlichen Unterschiede liegen zum einen im Verlust von Empathie und Zukunftsorientierung der betreffenden Person gegenüber und führen damit zwangsläufig zum Verlust einer aktiven Begleitungsfähigkeit. In der Praxis wird dieser Aspekt häufig übersehen oder gar als »professionelle Haltung« beschrieben. Gemeint ist damit letztlich, dass ich meine Begleitung auf die Grundversorgung meines Gegenübers beschränke. Dessen Gefühle, Wünsche oder Nöte versuche ich aber von mir möglichst fern zu halten.

Weniger bewusst ist im alltäglichen Handeln der zweite große Unterschied zwischen Gleichgültigkeit und Gelassenheit. Wahrnehmbar ist er in einer unterschiedlichen Adressierung meiner Gefühle. Das subjektbezogene »Das ist mir echt egal, da bleibe ich ganz gelassen« ist stets – ungeachtet seiner Umschreibung mit dem Begriff der »Gelassenheit« – Ausdruck von Gleichgültigkeit.

Gelassenheit ist hingegen stets auf mein Gegenüber gerichtet und findet sich in einem unveränderten Interesse am Anderen wieder, wie dies etwa in der Aussage »Ich bin sicher, dass wir morgen eine neue Chance haben, diese Sache anzugehen«, zum Ausdruck kommt.

Die Entwicklung einer solchen Haltung setzt eine tragische Sichtweise voraus. Erst in der Akzeptanz, dass mein Gegenüber mir ähnlich ist und es keinen privilegierten Einblick in die Erfahrungswelt des Anderen gibt, kann es mir gelingen, eine tragische Sichtweise auf mein pädagogisches Handeln hin zu entwickeln, die es mir ermöglicht, Akzeptanz, Mitgefühl und Trösten zu entwickeln (a.a.O. S. 76). Omer nennt diese Sicht daher auch »akzeptierende Sicht« (a.a.O. S. 46).

Eine dämonische Sichtweise hingegen verleitet uns zu einer »Entweder-oder-Haltung«, die Erscheinungen in unserem persönlichen und beruflichen Umfeld, unserer Gesellschaft bis hin zu Erklärungsmodellen für politisches Handeln oder Forderungen als absolute Gegensätze von »richtig oder falsch«, »gut oder böse«, »gesund oder krank« und »Freund oder Feind« wahrnimmt.

Gerade uns herausfordernde Verhaltensweisen von Menschen begünstigen die Entwicklung »dämonischer« Sichtweisen, die meinem Gegenüber eine bösartige Intention seines*ihres Verhaltens unterstellt. Diese wird oft als gegen mich gerichtet wahrgenommen (»Das macht sie extra«, »Er weiß genau, wie er mich ärgern kann«) und ruft entsprechende negative Gefühle und Reaktionen hervor. Damit laufe ich Gefahr, vom begleiteten Menschen nicht länger als Unterstützer*in wahrgenommen zu werden, sondern als Gegner*in, und auch ich erlebe den betroffenen Menschen als meine*n Gegner*in. Dabei wird die jeweilige Person auf ihre (vermeintlich) gegen mich gerichteten Schwächen und Problemverhalten reduziert und meine Wahrnehmungsfähigkeit verengt sich so, dass kaum mehr Raum für die Wahrnehmung von Veränderung bleibt.

Hoffnung

»Hoffnung ist nicht die Überzeugung, dass etwas gut ausgeht, sondern die Gewissheit, dass etwas Sinn hat - egal wie es ausgeht.« Vaclav Havel

Hofer benennt als dritte Erwartung an eine wünschenswerte heilpädagogische Haltung die »Hoffnung«. Auch diesen Begriff möchte ich aufnehmen, ihn aber, wie die beiden vorherigen, mit meinen eigenen Überlegungen verbinden. Der Begriff der Hoffnung ist mir zu wenig handlungsorientiert. Hofer beschränkt »Hoffnung« zudem auf die Fähigkeit der*des (Heil-)Pädagog*in, mit den (falschen) Hoffnungen von Angehörigen von Menschen mit Behinderung umzugehen. Ich folge hier Carolin Emcke, die in ihrer beeindruckenden Schrift »Gegen den Hass« (2016) daran erinnert, dass schon in der mythologischen Erzählung der Büchse der Pandora die Hoffnung neben der Krankheit, der Sorge und dem Hunger eine der vier Schrecken der Menschheit ist. Diese entweicht der Büchse als Einzige nicht. Nach Carolin Emcke handelt es sich bei dieser Art der Hoffnung um eine »Form leerer Hoffnung, die sich auf illusionäre Annahmen stützt«. Vielleicht verwenden wir den Begriff der Hoffnung in unserem beruflichen Alltag häufiger in diesem problematischen Sinn. Etwa, wenn wir – wie auch Hofer es tut – auf die »verzweifelte Hoffnung« von Eltern auf Besserung der Beeinträchtigung ihres Kindes verweisen. Eine Wahrnehmung, die uns lange begleitet. In vielen Fallbesprechungen auch zu erwachsenen Menschen mit Intelligenzminderung höre ich immer wieder, dass die Angehörigen die Behinderung ihres Familienmitgliedes nicht akzeptiert hätten. Hoffnung als Synonym für illusionäre Annahmen führt deswegen auch zu einem passiven Verharren und Abwarten, da das Eintreten der erhofften Ergebnisse von mir in keiner Weise beeinflussbar scheint. Die Folge ist dann, dass auch die Behinderung eher ausgehalten wird im Sinne eines Erleidens und Erduldens. Ob die geforderte »Akzeptanz der Behinderung« überhaupt ein erreichbares oder gar erstrebenswertes Ziel darstellt und wer die Kompetenz hat zu bewerten, wann denn eine sogenannte »Akzeptanz« durch die Familie eingetreten ist, bleibt dabei noch einmal eine ganz eigene Fragestellung.

In unserem (heil-)pädagogischen Alltag scheint mir als Hemmnis einer aktiven, förderlichen Haltung die Verwechslung von Hoffnung mit Erwartung. Ich glaube, dass gerade hier eine besondere Herausforderung für die Ausbildung unserer Haltung liegt. Eine Erwartung, dass mein Handeln ein bestimmtes Ergebnis zeitigen wird, läuft Gefahr, im Falle des Nichteintretens zur Enttäuschung, ja zum Ärger zu werden. Sie kann mich verführen, in der Konzentration auf das erwartete Ergebnis die Hinweise und Botschaften meines Gegenübers nicht mehr ausreichend wahrzunehmen, eine Korrektur meiner Ziele nicht vorzunehmen und somit mit meiner Erwartungshaltung zu scheitern.

Deshalb scheint mir der Begriff der »*Zuversicht*« zutreffender zu beschreiben, was meines Erachtens eine förderliche heilpädagogische Haltung ausmacht. Eine zuversichtliche Hoffnung, die Neugier weckt und zulässt, wenig Voraussetzungen fordert, dafür aber Geduld mitbringt, und so – ganz im Gegensatz zum abwartenden Verharren – der Frage nach der »Sinnstiftung« des Handelns und der Bedeutung für die jeweilige Lebenssituation Raum gibt, ermöglicht als »heilpädagogische Haltung« ein »Aus-Halten« als aktive Intervention. Eine solche Zuversicht macht es mir möglich, mein Begleitungsangebot überhaupt jeden Tag aufs Neue zu unterbreiten, unabhängig vom »Erfolg« meiner bisher gemachten Angebote. Damit diese Haltung nicht zu einem »Erdulden«, also »Aus-Halten« oder gar »Erleiden« von Belastungen führt, ist es wichtig, meine Wahrnehmung der Beziehung zum Menschen mit Intelligenzminderung und herausforderndem Verhalten zu erweitern, um so scheinbar entwicklungsirrelevante Momente (anders oder neu) wahrnehmen zu können. Diese feinen oder unauffälligen »Zwischentöne« in einer Beziehung können dann eher beachtet werden und neue Wege der Kommunikation ermöglichen.

Zu seinem Verständnis »heilpädagogischer Haltung« zählt Hofer das stete Mitbedenken der Möglichkeit des »Nicht-Gelingens« und die Akzeptanz, wenn ein solches »Nichtgelingen« in der Praxis eintritt. Dabei ist mir der von ihm verwendete

Begriff des »Scheiterns« zu absolut, endgültig und damit zu wenig zukunftsoffen. Daher verwende ich lieber den Begriff des »Nichtgelingens« oder »Stolperns«.

Winfried Malls Forderung nach einer »Haltung der Demut« (2003) versteht sich genau als eine Ermutigung zum Hinhören auf die »Zwischentöne« und zum Mut, die Frage nach »Gelingen« oder »Stolpern« in der Beziehung zurückzustellen.

Diese drei Aspekte von Offenheit, Gelassenheit und Zuversicht zeigen, dass es sehr wohl möglich ist, förderliche Elemente für die Entwicklung der eigenen (heil-)pädagogischen Haltung in der Praxis zu benennen. Die konkrete Füllung und Ausgestaltung entwickelt sich dabei stets individuell aus einer gewachsenen Innenperspektive. Für die Ausbildung von künftigen Heilpädagog*innen formuliert Hofer abschließend vier Forderungen:

- Heilpädagogisches Sehen, Denken und Handeln bedarf der Verankerung in einer reflektierenden Haltung in der Persönlichkeit der*s Heilpädagog*in.
- Die Auseinandersetzung mit der jeweils eigenen Haltung zum heilpädagogischen Beruf gehört zum wesentlichen Bestandteil einer heilpädagogischen Ausbildung.
- Es ist weder möglich noch sinnvoll, die heilpädagogische Haltung zu entwerfen oder gar zu proklamieren.
- Heilpädagogische Haltung ist Beziehungsgestaltung.

Markus Dederich (2006) gebraucht in seinem Aufsatz »Wozu Theorie« als Aufgabe der Theorie für die Ausbildung die Formulierung »Schule des Sehens und Anders-Denkens«.

Für die »heilpädagogische Haltung als Beziehungsgestaltung« gilt damit unbedingt Martin Bubers Satz: »Der Mensch wird am Du zum ich« (1997, 32).

Paul Moor beschreibt den Aufbau eines »inneren Halts« als zentrales Ziel eines pädagogischen Gesamtkonzeptes. Für ihn entsteht »innerer Halt durch äußeren Halt« (1958, 13; 1965, 27). Für Otto Speck (1996, 143) ist »Halt« das Erleben von Zuwendung, Liebe, Verantwortlichkeit und Gerechtigkeit und Eingebundensein in eine bestimmte Kultur. Er verweist auf den Begriff der »haltenden Umwelt« von Donald Winnicott (bei Kegan, 1986), da »ohne einen selbstverständlichen Halt durch die Umwelt, ohne eine Einbettung in eine Lebenswelt, die auch einbindet, ... die Entwicklung des Selbst ... bedroht (ist)« (Speck, 1996, 144).

Halt bieten oder geben ist eines der zentralen Anliegen meines Ansatzes. Um dies langfristig psychisch und physisch gesund leisten zu können, bedarf es einer Haltung, die auf Offenheit, Gelassenheit und zuversichtliche Hoffnung im oben beschriebenen Sinn basiert.

»Mitfühlen«, »Annahme« und »Trost« stellen dabei wesentliche Voraussetzungen bei der Entwicklung dieser Haltung und damit meiner (heil-)pädagogischen Identität und meines beruflichen Handelns dar.

Wahrnehmungserweiterung als Grundlage einer Haltungsentwicklung

Das Verbindende von Offenheit, Gelassenheit, Zuversicht und der Frage nach dem, was ein Mensch braucht, besteht in einer (immer wieder) neu vorgenommenen Überprüfung meiner Wahrnehmung in Bezug auf mein Gegenüber. Eine als anstrengend erlebte Kommunikation, verbunden mit schwierigen, herausfordernden Verhaltensweisen, führt – oft schleichend – dazu, meine Wahrnehmung des Anderen auf bestimmte, immer wiederkehrende oder mich im wahrsten Sinn des Wortes betreffende Muster oder Stereotype zu reduzieren, gewissermaßen einen »Tunnelblick« zu entwickeln. Wenn es mir gelingt – nicht immer, aber immer wieder –, diese Sichtweise zu verlassen, mich für einen Moment neben mich zu stellen, kann es mir gelingen, den »Teufelskreis« aus nicht angemessenem Verhalten, negativer Reaktion und erneutem herausfordernden Verhalten zu verlassen und damit das Gefangensein in »reaktivem« Handeln zu beenden und mich selbst als agierend zu erleben. Wie oben bereits ausgeführt, ist eine Folge dieser veränderten Sicht, dass der betroffene Mensch selbst spürt, nicht mehr allein mit seinen problematischen Anteilen, sondern auch mit weiteren Teilen seiner Persönlichkeit wahrgenommen zu werden. Dies kann sie*ihn ermutigen, veränderte oder gar neue Kommunikationsmöglichkeiten auszuprobieren.

Das im Vorigen Beschriebene lässt sich in der nachfolgenden Übersicht zusammenfassen:

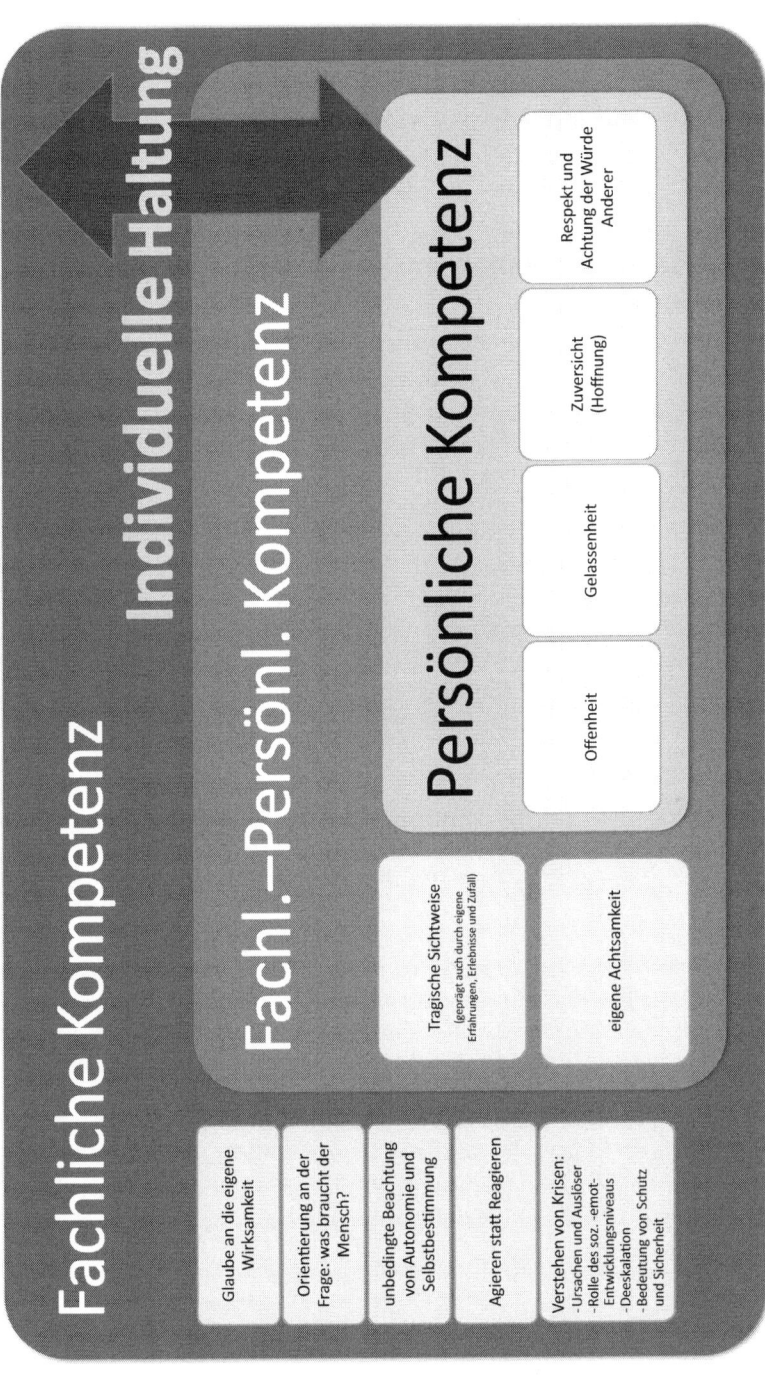

Abb. 2: Entwicklung einer individuellen heilpädagogischen Haltung. Individuelle Haltung kann als das Ergebnis der Verbindung von persönlichen Kompetenzen mit erworbenen fachlichen Fähigkeiten verstanden werden. Dazu zählen auch persönliche Kompetenzen, die sich durch fachliches Wissen entwickelt haben, wie z. B. eine »tragische Sichtweise« oder die Nutzung von »Achtsamkeit«.

10   Haltgebende Handlungsoptionen

Mut zur Auseinandersetzung – Vom Reagieren zum aktiven Handeln

In der Begleitung von Menschen mit herausforderndem Verhalten verändert sich immer wieder die Kommunikation hin zu einer einseitigen Interaktion: Nach relativ kurzer Zeit hat sich die Gestaltung der Beziehung zu dem Menschen mit herausfordernden Verhalten in der Form verändert, dass Impulse fast ausschließlich vom Betroffenen ausgehen, während das professionelle Umfeld seine Interventionen auf die Reaktion auf diese Impulse beschränkt.

Das professionelle Team verfällt in eine Art »Schockstarre« und wartet – manchmal sehr angespannt – darauf, wann der nächste Handlungsimpuls durch die*den Betroffene*n erfolgt, hoffend, dass es möglichst lange »gutgeht« – zumindest während der eigenen Dienstzeit. Das führt im Übrigen dazu, dass Absprachen im Team zum Umgang mit der*dem Betroffenen, manchmal wider besseres Wissen, nicht eingehalten werden.

> *Ich denke an eine 14-Jährige mit schwerer geistiger Behinderung, ohne aktive Sprache, die massiv körperlich übergriffiges Verhalten zeigte (»Kopfnüsse«, Treten in den Unterleib, etc.).*
> *Aufgrund eines gestörten Tag-Nacht-Rhythmus wachte die Jugendliche oft gegen 3.30 Uhr auf und verließ ihr Zimmer. Es bestand dann die Gefahr einer Selbst- ebenso aber einer Fremdgefährdung anderer Kinder. So stand die Entscheidung an, möglicherweise ihr Zimmer nachts zu verschließen. Um diese massiv freiheitseinschränkende Maßnahme zu vermeiden und andere Wege zur Verbesserung ihres Schlafverhaltens zu unterstützen, war beschlossen worden, unter anderem zu vermeiden, sie am Spätnachmittag einschlafen zu lassen, was sehr häufig vorkam.*
> *Erst eine relativ lange Zeit nach diesem Beschluss eröffnete mir ein Teammitglied, dass man die Jugendliche nicht wecke, wenn sie einschlafe, weil ihr Schlafen einen deutlich weniger anstrengenden Spätdienst bedeutete, als wenn sie wach sei. In der Nacht hatten diese Mitarbeitenden keinen Dienst.*

Dies führt dazu, dass die Initiative zur Kommunikation mehr und mehr vom betroffenen Menschen ausgeht, auf die dann von uns Professionellen reagiert wird. Die sich daraus ergebenden anschließenden Auseinandersetzungen sind oft so anstrengend, dass nach der Beilegung eines aktuellen Konfliktes zunächst kein neuer aktiver Impuls von dem*der Begleiter*in ausgeht, sondern man »froh« ist, für einen Moment Ruhe zu haben – bis es zur nächsten Eskalation kommt.

Diese einseitige Verschiebung der Kommunikationsimpulse verfestigt das bestehende Bild des Menschen und fokussiert Kommunikation auf die – eigentlich unerwünschten – »Problemthemen«. Der betroffene Mensch nimmt wahr, dass lediglich ihre*seine schwierigen Konfliktlösungsmuster von der Umwelt registriert werden. Übrige Anteile ihrer*seiner Persönlichkeit scheinen hingegen kaum soziale Relevanz zu haben. Entsprechend ist die Wahrscheinlichkeit sehr hoch, dass sie*er weiterhin oder gar verstärkt mit den »Mustern« agiert, die entsprechende Aufmerksamkeit und Wirksamkeit auslösen.

Bei den professionellen Begleiter*innen verstärkt sich gleichzeitig die Wahrnehmung von Ohnmacht und Wirkungslosigkeit pädagogischer Initiativen im Hinblick auf den betroffenen Menschen. An ihre Stelle tritt in der Praxis das Gefühl extremer Anstrengung und Erschöpfung und – nicht selten bei massiven Verhaltensbesonderheiten – Angst vor den Eskalationssituationen. Die Rückkehr zum Agieren und Anbieten aktiver Impulse kann von den nachfolgenden Schritten deutlich unterstützt werden.

Schutz und Sicherheit für die Mitarbeitenden

Eine der Grundvoraussetzungen, aktiv handeln zu können, ist das Gefühl eigener Sicherheit und Ungefährdetheit auch in angespannten Situationen.

Ich habe oben beschrieben, dass in der Begleitung von Menschen mit herausfordernden Verhaltensweisen das Gefühl extremer Anstrengung und Erschöpfung und – nicht selten bei massiven Verhaltensbesonderheiten – Angst vor den Eskalationssituationen bei den Mitarbeitenden auftritt. In einer solchen Situation kann ein Betreuungsauftrag nicht wirklich innerlich übernommen werden. Ein Begleitungsangebot an mein Gegenüber findet nicht wirklich statt. Das, was dem Betrachter von außen als »Begleitung durch Fachkräfte« erscheint, ist vielmehr eine physische Anwesenheit, von der keine Sicherheit gebenden Impulse ausgehen können und damit keine emotionale Unterstützung in (hoch) angespannten Situationen für den betroffenen Menschen angeboten werden kann.

Um dies zu erreichen, ist es wichtig, dass meine Aussagen und mein Handeln in Übereinstimmung mit meinem Gefühl stehen. Dies ist gerade in hoch angespannten Situationen oft nicht der Fall. In der Praxis der Begleitung verstärken Dienste, in denen ich alleine bin, meine Unsicherheit. Meine Handlungen in solchen Situationen sind oft von Versuchen einer verbalen Beruhigung geprägt, die meiner eigenen Stimmungslage nicht entsprechen. Die damit verbundene nonverbale Botschaft lautet dann für die*den Betroffenen eher: »Bitte, bleibe ruhig, weil ich Dir sonst keine Hilfe anbieten kann.« Auch die Anwendung von Deeskalationstechniken in krisenhaften Situationen stellt dabei für die*den Professionelle*n, die*der alleine im

Dienst ist, eine sehr belastende Situation dar. Kommt es zu einer weiteren Eskalation, helfen mir in dieser Situation Deeskalationskonzepte meist nur sehr bedingt. Für die Mehrzahl der Konzepte gilt, dass diese von mindestens zwei anwesenden (und handlungsfähigen, da ja in der Regel weitere Menschen begleitet werden müssen) Mitarbeitenden ausgeführt werden müssen. So kommt es oft zu dem Versuch, eine solche schwierige Situation unbedingt zu vermeiden. Uneindeutige, hohe Sprachanteile, beschwichtigende Aussagen oder vage Zusagen treten an die Stelle einer haltgebenden klaren Intervention. Natürlich besteht ein wesentlicher und hilfreicher Bestandteil von Deeskalation gerade in der Primär-Prävention, die hilft, eine Situation nicht eskalieren zu lassen. Sie gelingt aber umso besser, je größer die Sicherheit und Gelassenheit ist, die ich ausstrahle, wenn ich bei einem Spannungsanstieg Angebote zur Verminderung von Stress mache.

Dadurch kann ich auch in einer von Unsicherheit geprägten Situation meinem Gegenüber signalisieren, dass ich Halt und Klarheit anbiete und bereit und in der Lage bin, den anderen Menschen auch in dieser Anspannung auszuhalten. Wenn ich selbst jedoch unsicher oder gar ängstlich bin, dass mir eine Deeskalation der Situation nicht gelingen wird, sende ich unbewusst genau gegenteilige Botschaften. Häufig stehen diese Botschaften in unmittelbarem Wiederspruch zu der von mir verbalisierten Aussage (»Es gibt jetzt gar keinen Grund Dich aufzuregen ...«).

Um eine aushaltende Gelassenheit auch in besonders angespannten Momenten beibehalten zu können und so wirksam zu werden, bedarf es einiger Bedingungen für die*en professionelle*n Mitarbeiter*in.

Eine Grundvoraussetzung jedes Begleitungsauftrages ist, dass ich diese Aufgabe physisch und psychisch langfristig gesund leisten kann. Nur wenn mir Rahmenbedingungen und Mittel in meiner Arbeit an die Hand gegeben werden, die dies weitgehend sicherstellen, kann ich mich auch innerlich immer wieder auf diesen anstrengenden Weg begeben.

Diese Angebote müssen sicher und grundsätzlich Gültigkeit haben. Sind erst traumatische Erfahrungen des Ausgeliefertseins, der körperlichen Bedrohung oder Übergriffe gemacht worden, wird es weit schwerer – auch trotz in der Folge solcher Situationen vielleicht eingerichteter Hilfsangebote –, sich erneut auf den Begleitungsweg einzulassen.

Zunächst einmal bedeutet dies, für meine eigene Sicherheit und meinen Schutz Sorge tragen zu können. Angst friert ein oder lässt flüchten. Angst macht aktives Handeln unmöglich, zumal Interventionen, die von Unsicherheit im Angebot oder der eigenen Stimme geprägt sind, oft zum Rückgriff des begleiteten Menschen auf eines der eben nicht erwünschten problematischen Muster oder Stereotype führen. Nur wenn ich mich durch die Rahmenbedingungen und personelle Unterstützung sicher und geschützt fühle, kann ich klare und stützende Botschaften geben, ungeachtet auch eines möglicherweise folgenden Konfliktes.

Dies bedeutet, gerade in der Begleitung von Menschen mit Intelligenzminderung und herausfordernden Verhaltensweisen bestimmte Aspekte zu berücksichtigen, wie unter anderem:

- Sind meine Dienste planbar und regelmäßig?

- Sind häufige zusätzliche (kurzfristige) Einsätze aufgrund von Dienstplanengpässen notwendig?
- Gibt es Dienste oder Zeiten im Dienstplan, in denen ich allein im Dienst bin?

Wie schon erwähnt, helfen Deeskalation und dafür entwickelte Methoden und Angebote (»low arousal«, »ProDeMa«, »PART«, etc.), Situationen von hoher Anspannung zu erkennen und durch mein Verstehen der Auslöser und ein entsprechendes Verhalten deeskalierend zu wirken. Trotz dieser hilfreichen Unterstützungsangebote bleibt jedoch in bestimmten Betreuungssettings die angstvolle Frage: »Und was mache ich, wenn es trotz allem eskaliert?« Es ist dann eine große Hilfe, gerade in Einzelbetreuungssituationen die Möglichkeit zu haben, umgehend und direkt Hilfe rufen zu können (etwa über ein Notfallarmband), so dass ein*e versierte*r Kolleg*in innerhalb kürzester Zeit hinzugerufen werden kann. Dabei hat sich das Notfallarmband auch in Situationen bewährt, in denen man mit einer*m Kolleg*in gemeinsam im Dienst ist, sich aber dabei nicht immer im gleichen Bereich aufhält. Das Aufsuchen eines Telefons oder das Bedienen eines Handys lassen in der Regel keinen umgehenden Hilferuf zu. Hinzu kommt, dass der angespannte Mensch den Griff zum Telefon oder Handy kennt und spürt, welcher Mechanismus nun in Gang gesetzt wird. Dies wirkt – im Gegensatz zum Notfallarmband, das einer Armbanduhr ähnelt – zusätzlich anspannend.

Das Gefühl, nicht alleine einer Eskalationssituation ausgesetzt zu sein, ist das wesentlich Sicherheit gebende Element. Dies kann durch die Einrichtung eines Notrufes gewährleistet werden oder die dauerhafte »Doppelbesetzung« bis hin zur Unterstützung durch einen »security-Dienst« (Bartelt 2019, 23) gehen, der sich ständig in meiner Nähe aufhält, um auf meine Anforderung hin deeskalierend einzugreifen.

Eine ganz wichtige, nicht zu unterschätzende Rolle spielt eine weitere ganz persönliche Stärkung durch das gezeigte Interesse an meiner Person und meinem Befinden. Das Interesse der Leitung und ihre Nachfrage zu meinem jeweils erlebten Betreuungsalltag wirkt deutlich stützend (▶ Kap. 12, Halt für die Begleitenden). Gibt es Nachfragen, Gespräche, Interesse der Leitung an solchen erlebten Situationen? Dabei ist es wünschenswert, wenn durch die Leitung zudem unterstützende Angebote installiert werden. Dies ersetzt jedoch nach meiner Erfahrung nicht, als Leitung authentisch Anteil zu nehmen.

Natürlich kommt der Stützung im und durch das gesamte Betreuungsteam eine ebenso wesentliche Bedeutung zu. Dies erfordert eine Streitkultur, die eine unbedingte Unterstützung für Kolleg*innen in Auseinandersetzungen sicherstellt. Sowohl, was die Hilfe in der konkreten Situation angeht, aber ebenso, was die Identifikation mit der*m in eine Eskalation verwickelte*n Kolleg*in betrifft. Diese Solidarität ist in der Situation (Unterstützen statt Flüchten »Ich mache dann schon mal das Abendbrot ...«) ebenso wichtig wie nach einer Auseinandersetzung. Raum für fachliche Diskussionen der schwierigen Situationen ist in späteren Teamgesprächen und nicht unmittelbar nach dem Erlebnis (»Du hättest auch nicht ...«).

Übrigens stellt die öffentliche Solidarisierung mit der*dem Kolleg*in einen wichtigen Baustein des gewaltlosen Widerstandes nach Haim Omer dar. Es kann von sehr großer Bedeutung für die konstruktive Lösung eines Konfliktes sein, diesen nicht zu individualisieren (»Die Beiden kommen eben nicht so gut mit einander aus«), sondern – natürlich nach der Anspannungssituation – dem betreffenden Menschen zu sagen, dass ich die Haltung der*des im Konflikt beteiligten Kolleg*in unbedingt teile, und so eine Form der Öffentlichkeit herzustellen. Oft werden Konfliktsituationen im Nachgang nicht mehr thematisiert, aus Sorge, dies könnte zu einer neuen Anspannung beitragen.

Weitere Sicherheit gebende Hilfen (natürlich jeweils der Situation angepasst) können Kissen (Sitzkissen) oder Decken, verteilt in den Räumen des Wohnbereichs, darstellen, die im Krisenfall gegriffen und zwischen mich und ein*n potenzielle Angreifer*in gehalten werden können. Ähnlich wichtig sind sichere und erreichbare Rückzugsräume (»Immer eine Tür zwischen sich und die*den mögliche*n Angreifer*in bringen können«).

Nicht immer wird es möglich sein, auch bei Bestehen oder Anwenden aller möglichen Schutzmaßnahmen, einen Übergriff zu vermeiden. Hier ist es dann von ganz wesentlicher Bedeutung, wie mit einem solchen Übergriff innerhalb einer Institution umgegangen wird. Eine mögliche Vorgehensweise stelle ich im 12. Kapitel mit der »Kultur der Beachtung« (▶ Kap. 12) vor.

Schutz und Sicherheit für die betroffenen Menschen

Eine ganz wesentliche Handlungsoption stellt die Schaffung von »Schutz und Sicherheit« für die betroffenen Menschen dar. Dies ist umso bedeutender, als es um die (Wieder-)Herstellung von Bedingungen geht, die sowohl dem betroffenen Menschen als auch mir, als professioneller*m Begleiter*in, dienen. Die Biographien von Menschen mit Intelligenzminderung und herausforderndem Verhalten ähneln einander. Oft sind sie Geschichten des Verlustes von Beziehungen und Orten.

Die jetzt 36-jährige Miriam wird laut Akte als Tochter einer 16-jährigen Mutter mit geistiger Behinderung geboren. Sie wird in einem Säuglingspflegeheim aufgenommen. Mit 9 Monaten vermittelt das Jugendamt sie in eine Pflegefamilie. Aus dieser Pflegefamilie wird sie im Alter von 18 Monaten mit dem Verdacht auf sexuellen Missbrauch herausgenommen. Nach weiteren 6 Monaten in einem anderen Heim für Säuglinge und Kleinkinder wird die jetzt 2-jährige erneut in eine Pflegefamilie vermittelt. Das Pflegeverhältnis »scheitert« nach anderthalb Jahren, weil die mittlerweile auftretende Entwicklungsverzögerung die Pflegeeltern überfordert. Sie kehrt in das zweite Kinderheim zurück, bis es dem Jugendamt nach einem knappen Jahr gelingt, eine dritte Pflegefamilie für die nun 4,5 Jahre alte Miriam zu finden. Inzwischen hat Miriam aufgrund der gezeigten Entwicklungsrückstände und schwierigen Verhaltensweisen auch die Kindertageseinrichtung wechseln müssen.

Die dritte Pflegefamilie, die mir als erstes Bezugssystem persönlich bekannt wird, bemüht sich ohne eigene fachliche Ausbildung und vor allem Begleitung beinahe 5 Jahre um

> *Miriam. Ihre Verhaltensbesonderheiten nehmen zu. Ein weiterer Kita-Wechsel folgt, ebenso wie 2 Schulwechsel. Mit 9,5 Jahren bitten die Pflegeeltern die damals von mir geleitete Einrichtung um Aufnahme. In den Folgejahren halten die Pflegeeltern weiter kontinuierlich Kontakt zu Miriam, die beide auch als »Mama« und »Papa« benennt.*

Soweit zunächst aus der Biographie von Miriam, die der Geschichte vieler Menschen, die zur Gruppe der Personen mit »auffälligem« Verhalten zählen, gleicht.

Die Geschichte von Miriam, wie die vieler anderer Menschen auch, bedeutet zunächst einmal, die tiefste Erfahrung des »Nicht-richtig-Seins«. In der Konsequenz dieses »Ich sollte anders sein«, ohne ein Lösungsmodell zu besitzen, wie dies denn erreichbar sein könnte, verfestigt sich mit jedem Kontaktabbruch die Überzeugung »Mit mir hält es niemand aus« bzw. »Ich bin nicht liebenswert«. In der Folge bedeutet dies eine massive Verunsicherung bei der Aufnahme neuer Beziehungen, scheinen diese doch immer wieder – ohne nachvollziehbare Gründe – plötzlich zu enden. Das dazu sich entwickelnde Handlungsmuster des betroffenen Menschen lautet in der Folge »Wenn sie*er erst einmal merkt, wie ich wirklich bin, wird sie*er mich doch wieder ›fallen‹ lassen«. Bezogen auf Miriam bedeutete das:

> *Wissend, dass diese emotionale Verunsicherung mit hoher Wahrscheinlichkeit eintreten würde, ging es darum, sich darauf einzulassen, dass Miriam nach einer Zeit des Ankommens (»Koffer auspacken«) gerade gegenüber den Mitarbeitenden, deren Beachtung, aber vor allem Zuwendung sie besonders benötigte, ihre schwierigen Verhaltensweisen zunehmend zeigte. Beschimpfen, spucken, treten, schlagen und – als das nichts zu ändern schien – Übergriffe auf andere häufig schwerer behinderte Kinder folgten über fast 2 Jahre.*
>
> *Diese extrem belastende Situation auszuhalten, stellte eine sehr große Herausforderung für das sie begleitende Team und ihre Bezugspersonen, die Mitbewohner*innen, ganz besonders aber für sie selbst dar. Denn Miriam fordert nicht nur ihr Umfeld heraus, sondern befindet sich gleichzeitig selbst in einer ständigen Anspannungshaltung.*
>
> *Die Wahrnehmung der Tatsache, dass die Begleitungssituation auch für die vermeintliche »Verursacherin« eine sehr belastende Situation darstellt, bedeutet einen ersten Schritt hin zu einer möglichen Lösung ohne (neuerliche) Trennung. Es ermöglicht eine »tragische« Sicht anstelle der Vorherrschaft »dämonischer« Haltungen. Im konkreten Fall bedeutete dies die ständige Überprüfung, was es bedarf, um weiterhin – über einen langen Zeitraum – die Botschaft geben zu können »Ich halte es mit Dir aus«.*
>
> *Zu einem Zeitpunkt, als die Grenzen des »Aus-Haltens« ihrer Verhaltensweisen auch in diesem besonders vorbereiteten und begleiteten Team erreicht wurden, schien es, als würde Miriam spüren, dass die Wohngruppe ein »sicherer Ort« werden könnte, der sie auszuhalten schien.*
>
> *Kleine Impulssteuerungen, das Einfordern, aber auch Vertrauen auf die Verlässlichkeit ihrer Bezugspersonen traten an die Stelle der ständigen Überprüfung »Was macht sie*er, wenn ich …«.*

> *Miriam blieb fünf Jahre in dieser Wohngruppe und schaffte dann – trotz vieler Ängste – den Wechsel in eine Jugendwohngemeinschaft in unmittelbarer räumlicher Nähe für die kommenden drei Lebensjahre, ehe dann der institutionell zwingende Umzug in eine Einrichtung für erwachsene Menschen folgte.*

»Aus-halten« kann die Entstehung eines »sicheren Ortes« unterstützen, eine Erfahrung, die viele, sehr viele Menschen mit herausfordernden Verhaltensweisen nur selten machen.

In sehr vielen von mir durchgeführten Fallbesprechungen zu »schwierigen« Menschen teilen mir die Teammitglieder bereits bei der Beschreibung der zu beratenden Person mit, dass die Bewohnerin oder der Bewohner in dieser Wohngruppe im Grunde ganz falsch platziert sei. Sie oder er benötige etwas anderes. Oft läuft zum Zeitpunkt der Beratung schon die Suche nach einem anderen Wohnangebot. So entsteht die paradoxe Situation, dass die Hoffnung auf den Wechsel des jeweiligen Menschen in ein anderes Betreuungssystem das Gestalten eines »sicheren Ortes« im Hier und Jetzt behindert. Das kann in Einzelfällen soweit gehen, dass die Sorge besteht, »Verbesserungen« in der Beziehungsgestaltung könnten den Druck etwa auf die Leitung, eine andere Lösung für den betroffenen Menschen zu finden, verringern.

Menschen mit Behinderungen sind so oft auf der lebenslangen Wanderschaft, die eher einer Flucht gleicht, welche erschreckend viele Parallelen zum Erleben von Menschen mit Fluchthintergrund in Deutschland aufweist. Die Betroffenen sind selten freiwillig »unterwegs« und oft auch an ihren jeweiligen »Zwischenzielen« nicht immer erwünscht. Eine, wie oben bereits beschrieben, beinahe schon geläufige »Lösung« scheint in der (zunehmenden) Schaffung von »Intensivgruppen« zu liegen, in denen diese Menschen zusammengefasst werden.

Die Entscheidung zur Aufnahme eines Menschen in ein neues Betreuungssystem trifft in der Regel ein*e Leitungsverantwortliche*r, nicht das Betreuungsteam. So erlebe ich häufiger vor Ort eine nur bedingte Bereitschaft, sich auf eine*n neuen Bewohner*in mit herausfordernden Verhaltensweisen einzulassen, da »die Leitung nun auch noch einen Menschen aufgenommen habe, der so gar nicht in die Wohngruppe passt«. Dies erschwert sowohl die Annahme und Empathie, als auch das Bemühen, mit und für die*den neuen Bewohner*in einen sicheren Ort zu schaffen.

Der »sichere« Ort

Eine ganz wesentliche Grundlage zur Stärkung von Sicherheit und dem Vermitteln von Schutz stellt der *»sichere Ort«* dar, der bei der Therapie von Traumata eine Rolle spielt und so Eingang in die Traumapädagogik fand. Wir müssen davon ausgehen, dass sehr viele Menschen mit Intelligenzminderung und herausforderndem Verhalten traumatische Erfahrungen gemacht haben, die die sozial-emotionale Entwicklung beeinträchtigt und die Ausbildung problematischer Konfliktlösungsmöglichkeiten begünstigt. Aus der Traumapädagogik (vgl. Bausum, Besser, Kühn (Hrsg.) 2013) können wir daher für diesen Personenkreis sehr gut Überlegungen und Ansätze übernehmen. Zunächst geht es um die Schaffung eines sicheren Rahmens von

- verlässlicher Raumstruktur,
- verlässlicher Zeitstruktur,
- verlässlichen Beziehungen,

ein Rahmen, der uns aus der Begleitung von Menschen mit Autismus-Spektrum-Störungen nach TEAACH bekannt ist. In gleicher Weise stärkt dieser Rahmen Menschen mit herausfordernden Verhaltensweisen. Sichere Botschaften ermöglichen ihnen alternative Problemlösungsstrategien.

In Fallberatungen geht es häufiger um sich steigernde Anspannungssituationen, deren Anlass die offenkundige Unsicherheit des betroffenen Menschen über seine künftige Lebenssituation bzw. hinsichtlich möglicher Reaktionen ihrer*seiner professionellen Begleiter*innen ist. Deutlich wird dies beispielsweise an der ständigen Wiederholung der vorgegeben Regelformulierungen wie »*Schlagen darf man nicht, schlagen darf man nicht, dann ...*« durch die betroffenen Menschen. Es zeitigt meist nur wenig Erfolg, diese Regeln mit der*m Betroffenen zu »besprechen« oder darauf zu verweisen, dass dies bereits besprochen sei und man darum bitte, weiteres Fragen zu unterlassen. Häufig führen diese Interventionen nicht zu einer Beruhigung, sondern im Gegenteil zu weiterer Anspannung und regelrechtem serialen Fragen, was die Beziehungssituation zwischen Bewohner*in und Begleiter*in belastet. Es ist in diesen scheinbar aussichtslosen »Gesprächen« manchmal hilfreich, der*m Fragenden einen sicheren Rahmen zu bieten, der in der einfachen Antwort »Sie wohnen jetzt hier und wir kümmern uns um Sie!« enthalten ist. Teams, die diese Antwortmöglichkeit in der Praxis anwenden, berichten übereinstimmend, dass eine spürbare Beruhigung eintritt, anstelle der bisher scheinbar nicht enden wollenden Diskussionen oder Nachfragen (»*... und wenn ...?*«).

Der Lehrsatz von Paul Mohr »Innerer Halt durch Äußeren Halt« (Mohr 1951) hat unverändert Gültigkeit. In der Praxis der Begleitung schwieriger Menschen erleben wir immer wieder, dass Kliniken für Psychiatrie Menschen nach einer Krisenintervention und (Kurzzeit-)Behandlung wieder aus der Klinik entlassen, da es sich um ein »pädagogisches Problem« handele. Die Empfehlung in diesem Fall lautet fast immer »Struktur« und »konsequente Begleitung«. Diese sehr schlichte und beinahe schon stereotype Empfehlung betont jedoch grundsätzlich genau den wichtigen Aspekt des *Haltgebens*.

Es macht sehr viel Sinn, für die eigene Praxis zu prüfen, inwieweit die in der Traumpädagogik genannten fünf »sicheren Orte« (Baierl, Frey 2016) entwickelt sind. Übertragen auf Menschen mit Intelligenzminderung könnte dies vorrangig bedeuten:

- sich an einem äußeren sicheren Ort befinden, an dem mir keine Gefahren drohen (äußerer sicherer Ort),

- sich bei Menschen befinden, die sich um mich kümmern und Gefahren abwehren (personaler sicherer Ort),
- Sicherheit bei sich selbst finden, also auf sich vertrauen zu können und davon ausgehen, Herausforderungen zu meistern (das Selbst als sicherer Ort).

Ergänzend können diese drei Bereiche eines sicheren Ortes dann auch dazu führen, dass

- Spiritualität als sicherer Ort erlebt wird,
- und schließlich die*der Betroffene selbst für sich einen inneren sicheren Ort gestalten kann (Fischer-Götze 2016).

Wenn wir davon ausgehen, dass zunächst die ersten drei genannten Orte für Menschen mit herausforderndem Verhalten in unserer Praxis Berücksichtigung finden, so gibt es eine Reihe einfacher Prüffragen:

Gibt es eine gemütliche und gepflegte Raumgestaltung? In vielen Wohnsituationen von Menschen mit herausforderndem Verhalten findet man stark beschädigte Möbel, Türen oder Wohnaccessoires. Oft werden Schäden nicht umgehend beseitigt, sondern mit dem Hinweis auf die wiederkehrende Zerstörung so belassen. Sind Zimmer mit einer stabilen individuellen Grundausstattung versehen, die Nutzung und Kontrollverlusten standhält in Verbindung mit günstigen, leicht und gefahrlos zerstörbaren Gegenständen?

Begegnen sich alle Beteiligten wertschätzend und annehmend? Gibt es immer wieder eine Wahrnehmungserweiterung dahingehend, Motive und Absichten zu verstehen? Sind die Begleitungen langfristig, verlässlich und geprägt von äußerer und innerer Präsenz und sicher im Umgang mit Dynamiken wie Ambivalenzen der Betroffenen und »Aus-halten« von Krisen?

Und schließlich: Um bei sich selbst sicher zu sein, benötigen die betroffenen Menschen das alltägliche Erleben von Eigenmacht und Selbstbestimmung, die Gewissheit, Herausforderungen zu bewältigen und sich selbst schützen und gegebenenfalls auch wehren zu können. Ebenso wichtig ist aber auch das Erleben, keine Gefahr für sich selbst und andere zu sein! Dies setzt voraus, dass die professionellen Unterstützer*innen entsprechend unterstützend handeln können.

Verlässlichkeit in der Kommunikation

Kommunikation mit Menschen mit geistiger Behinderung und herausfordernden Verhaltensweisen umfasst weit mehr als sprachliche Botschaften oder gar den verbalen Austausch. Viele der betroffenen Menschen verfügen nicht über eigene aktive Sprache. Für fast alle aber stellt Sprache nicht ein so herausgehobenes Medium der Kommunikation wie bei vielen anderen Menschen dar.

Gerade in zunehmend angespannten Situationen nimmt die Fähigkeit zur Wahrnehmung und Interpretation aktiver Sprache bei der*beim Betroffenen deutlich ab, während gleichzeitig die Menge sprachlicher Botschaften der*des Begleitenden mit zunehmender Anspannung weiter ansteigt. Dies führt dazu, dass Hinweise, Motivationen, Diskussionen zu Konsequenzen oder Folgen eines bestimmten Verhaltens in der Regel den betroffenen Menschen immer weniger erreichen. An diese Stelle treten dann eher Erinnerungen an diffuse Erlebnisse von »Unverständnis«. Diese äußern sich etwa in Generalisierungen »Ihr habt alle etwas gegen mich«. Ein konkreter Bezug zur »realen« Situation kann nicht mehr hergestellt werden. »Real« scheint hingegen das Erleben von Bedrängnis auf der einen Seite und des Gefühls der Uneinsichtigkeit (»Trotz aller guten Argumente …«) auf der anderen Seite. Statt in einer solchen Eskalationssituation die verbalen Botschaften zu verringern und ruhig zu werden, laufen wir Gefahr, durch ein »Mehr« an verbalen Erklärungen ungewollt an der Eskalation mitzuwirken.

Dies gilt in gleicher Weise für weniger angespannte Situationen, in denen wir vergeblich hoffen, mit Vereinbarungen oder gar »Verträgen« zu Verhaltensänderungen zu kommen. Dem Scheitern solcher sprachlichen Vereinbarungen liegt manchmal das Missverständnis zugrunde, beide Beteiligten würden sich über den sachlichen Inhalt einer Regelung verständigen. Dabei entgeht uns manchmal, dass der beteiligte Mensch weniger eine Vereinbarung in der Sache sucht als eine Wiederherstellung der von ihr*ihm als bedroht erlebten Beziehungssicherheit zu ihrem*seinem professionellen Gegenüber.

> *Martin, ein junger Mann, dessen gesetzlicher Betreuer ich lange Jahre war und der eine sehr vertrauensvolle Beziehung zu mir hatte, agierte in Belastungssituationen vermehrt über Eigentumsdelikte. Deshalb gab es immer wieder Klärungsbedarf aufgrund von Diebstählen. Nun kam ich auf den Gedanken, mit ihm einen schriftlichen Vertrag zu schließen, der in leichter Sprache die drei Punkte »nicht mehr zu stehlen«, »über einen Diebstahl mit mir zu sprechen« und schließlich die »Wiedergutmachung des entstandenen Schadens« umfasste.*
>
> *Vor der Unterzeichnung des Vertrages durch uns beide fragte ich ihn noch einmal, ob er – da er nicht lesen kann – wisse, was im Vertrag denn stehe. Er zählte mir exakt alle drei Regeln auf. Dann unterschrieben wir beide diesen Vertrag in drei Ausführungen, für ihn, für mich und für das Team seiner Wohngemeinschaft. Er verabschiedete sich recht rasch von mir, um ein Exemplar auch gleich seinem Betreuungsteam zukommen lassen zu können.*
>
> *Als ich, nun allein im Raum, mein Exemplar in meine Tasche stecken wollte, bemerkte ich, dass mir mein Portemonnaie fehlte. Mit diesem war Martin bereits unterwegs. Nachdem ich mich zunächst völlig hintergangen, geradezu bösartig überlistet fühlte, konnte ich erst einige Zeit später eine völlig andere Sicht dieses Vorfalls einnehmen.*

Die andere Sicht, die ich später in verschiedenen Situationen mit unterschiedlichen Menschen bestätigt fand, bedeutete, dass wir nur aus meiner Perspektive einen Vertrag über den Verzicht auf Eigentumsdelikte und den Umgang damit geschlossen hatten. Aus Martins Sicht hatte er einen Vertrag – letztlich gleich welchen Inhalts –

unterzeichnet, der sicher stellte, dass ich nicht weiter unzufrieden mit ihm war. Ich bin davon überzeugt, dass nicht nur ich diesem »Missverständnis« im Begleitungsalltag häufiger unterliege.

Ähnlich verhält es sich in hoch angespannten Situationen mit der oft vorgebrachten Aussage des angespannten Gegenübers »Ich will mich wieder vertragen ...«. Auch dies ist nicht ein Hinweis darauf, dass der Konflikt oder die Krise für die*den Betroffene*n beendet ist, sondern eher ein Hilferuf nach Unterstützung zur Beendigung der als belastend erlebten Krisensituation. Dies bedeutet, dass mit einer solchen Aussage die Anspannungssituation oft noch nicht beendet und bewältigt ist.

Deshalb spielen kommunikative Aspekte, wie Tonfall, Mimik, Gestik und generell Körperhaltung, eine noch bedeutendere Rolle als in der Kommunikation ohnehin. Dies gilt gerade, wenn eine verminderte oder nur schwer wahrzunehmende Responsivität oder Resonanzfähigkeit eine Interpretation von Bedürfnissen oder Stimmungen meines Gegenübers erschwert. Gerade in diesen belastenden, weil kommunikativ scheinbar isolierten Begleitungssettings kommt dem »Aus-Halten« eine besondere Bedeutung zu, um eine Verständigung bis hin zu einer »gemeinsamen Sprache« zu erreichen.

Verlässliche Kommunikation bedeutet aber nicht allein, meine Botschaft zuverlässig und überprüfbar zu formulieren und in der Umsetzung klar und eindeutig zu sein, sondern auch zu beachten, dass Energie grundsätzlich fließen kann (vgl. Besems/van Vught 1983). So kommt es im Alltag immer wieder zu Situationen, in denen gezeigte oder geäußerte Wünsche und Bedürfnisse der betroffenen Menschen nicht erfüllt werden (können) oder abgelehnt werden (müssen). Eine solche »Absage« führt manchmal zu einem Abbruch der Interaktion und läuft Gefahr, als Ablehnung der eigenen Gefühle und Person wahrgenommen zu werden. Es scheint mir daher immer förderlich, gerade in angespannten Situationen zu verdeutlichen, was nicht geht – aber ebenso – was möglich ist. Das Anbieten einer Lösung auch bei Frustrationen (»Der geplante gemeinsame Ausflug in den Park mit mir kann heute leider nicht stattfinden, wir könnten aber zusammen ein Picknick in Ihrem/Deinem Zimmer machen«) macht weitere Eskalationen oft unnötig.

Wichtig scheint mir dabei, stets zu bedenken, dass mein Gegenüber eine Akzeptanz seiner*ihrer Gefühle (nicht Handlungen) spürt und auch noch nicht so hoch angespannt ist, dass er*sie meine Botschaft nicht mehr hören kann.

Die allerdings wichtigste Sicherheit gebende Botschaft für Menschen mit Intelligenzminderung und herausfordernden Verhaltensweisen durch mich stellen die beiden Aussagen »Sie wohnen jetzt hier« und »Wir kümmern uns um Sie« für den betroffenen Menschen dar. Diese Vergewisserung, ausgehalten zu werden, ist eine der zentralen Gegenpositionen zu Ängsten und Unsicherheiten, die – gespeist aus der Biographie – die Wahrnehmungen und Verhaltensweisen der jeweiligen Person bestimmen. Diese Grundbotschaft bedeutet, dass ich Verantwortung dafür übernehme, dass das »Aushalten« gelingt. Es ermöglicht auf dieser sicheren Basis dann aber auch, Angebote zur Veränderung zu machen und Auseinandersetzung mit der*m Anderen zuzulassen.

Das Verständnis von Kommunikation als Annäherungsprozess beider beteiligten Partner*innen ermöglicht dann wieder ein Rückbesinnen auf die beschriebenen Fragen »Was braucht der Mensch?« und natürlich »Was sind seine Ressourcen?«.

Dabei ist es wichtig, dass ich mir bewusst bin, eine Annäherung an eine Antwort nur gemeinsam mit meinem Gegenüber zu finden. Hier kommt wieder der Aspekt der Skepsis gegenüber meinen vermeintlichen Antworten ins Spiel bzw. eine »Ethik der Demut«, wie Winfried Mall dies genannt hat. Haim Omer beschreibt dies mit dem Satz: »Es gibt keinen privilegierten Einblick in die Erfahrungswelt des Anderen«.

(Wieder-)Herstellung »pädagogischer Wirksamkeit«

Eine der irritierenden Erfahrungen aus meiner beruflichen Praxis ist die Beobachtung, wie rasch sich der Glaube an die eigene (heil-)pädagogische Wirksamkeit verliert, gerade bei jungen, aus dem Studium kommenden Heilpädagog*innen, die in der Begleitung von Menschen mit Intelligenzminderung und herausfordernden Verhaltensweisen tätig werden. Gerade noch erfüllt vom Wunsch, erworbene fachliche Konzepte und Haltungen nun endlich in der Praxis umzusetzen, scheinen diese Überzeugungen bereits nach kurzer Zeit des Tätigseins einer »Erfahrungspädagogik« zu weichen. Diese wird eher bestimmt von den Alltagstheorien der bereits seit vielen Jahren tätigen Kolleg*innen und letztlich normativ gefärbter Einstellungen. Gegen diese Aufgabe eigener Überzeugungen oder Haltungen hilft aus meiner Sicht die Entwicklung einer »tragischen« Sichtweise der beruflichen Anforderung und deren Beziehungen.

In ihrem Buch »Feindbilder« – Psychologie der Dämonisierung« (Haim Omer u. a. 2014) erläutern die Autoren ihre Gedanken zur Wahrnehmung eines anderen Menschen, einer Gruppe oder einer gesellschaftlichen oder politischen Situation. Sie gehen davon aus, dass wir grundsätzlich zwischen einer »dämonischen« und »tragischen« Sichtweise entscheiden, um eine bestimmte Situation zu bewerten und daraus zu einer Einstellung oder auch Handlung zu gelangen. Bezogen auf unser fachliches Handeln in der Begleitung von Menschen mit besonderen Verhaltensweisen sind wir stets der Gefahr ausgesetzt, den betroffenen Menschen in einem »negativ gefärbten Licht« wahrzunehmen, bis der andere zu einem »Monster« (Omer 2014, S. 13) wird. Die bereits oben genannte Gefahr einer zunehmenden Reduzierung der Persönlichkeit des betroffenen Menschen auf ihre schwierigen, negativen Anteile wäre ein Warnsignal auf die Entwicklung einer dämonisierenden Deutung hin. Hat sich diese Haltung in meiner Wahrnehmung einmal durchgesetzt, gibt es keine Aussicht, dass sich die Situation durch meinen Einfluss bessert, da diese allein von einer Änderung meines Gegenübers abzuhängen scheint.

Auch die »tragische« Sichtweise verneint nicht, dass Situationen schwierig oder verletzend sind und manchmal gar ausweglos erscheinen. Im Gegensatz zur »Dämonisierung«, ebenso übrigens wie zum »pädagogischen Optimismus«, versucht sie zunächst einmal, die erlebte Situation als aktuell nicht veränderbar anzunehmen. Anders als bei der Resignation erlaubt mir aber die tragische Sicht, wahrzunehmen, dass »schlechten Handlungen positive Eigenschaften entstammen können, es keinen privilegierten Einblick in die Erfahrungswelt eines anderen gibt (»Den kenne ich, da wird sich nichts mehr ändern«) und der Andere uns letztlich ähnlich« (a.a.O.) ist. Aus dieser Gewissheit kann es mir gelingen, Sichtweisen zu entwickeln (»reframing«), die es mir ermöglichen, nichtdämonische, konstruktive Auseinandersetzungen zu führen, die im Idealfall eine »tröstende Beziehung« ermöglichen. Nach Omer, von Schlippe und Alon sind Sicherheit gebende Botschaften zur Schaffung eines »sicheren Ortes« wie die beschriebenen »Sie wohnen jetzt hier und wir kümmern/unterstützen Sie« ein »Ausdruck tragischer Weisheit des Trostes« (vgl. a.a.O., 187).

Die bereits oben geschilderte positive Wirkung dieser Vergewisserung in einer Reihe von schwierigen Kommunikationssituationen in der Praxis macht deutlich, wie wichtig die Sicherheit von Ort und Beziehung im Alltag immer wieder ist.

Eine professionelle Haltung, die von der von mir so genannten »Erfahrungspädagogik« dominiert wird und damit normative Wertungen mit aufnimmt, läuft hingegen Gefahr, das erlebte Handeln meines Gegenübers als gegen mich gerichtet zu erleben (»Das macht sie extra«, »Er weiß ganz genau, was er tut«, etc.). Wenn sich dann die extreme Anstrengung und Erschöpfung noch (▶ Kap. 10.2) mit dem mangelnden Glauben an die Wirksamkeit meines eigenen pädagogischen Handelns verbindet, führt dies unweigerlich zum Gefühl der Ohnmacht oder Wirkungslosigkeit des eigenen Handelns.

Gegen dieses Gefühl der Ohnmacht hoffen wir durch Absprachen, Regeln oder gar schriftliche »Verträge« unsere Handlungsfähigkeit und Wirksamkeit wiederherzustellen oder dies mittels neuer Ansätze oder Methoden zu erreichen.

Oft müssen wir dann erleben, dass all diese Bemühungen gleichwohl kaum eine Wirkung auf die Begleitung der jeweiligen Menschen haben. So begegnen mir in Beratungssituationen immer wieder Teams, die über ihr bisheriges Handeln im Hinblick auf den betroffenen Menschen berichten, mit N.N. hätten sie »schon alles versucht«. Übrigens scheint mir in der Identifikation mit der*dem Betroffene*n die Vorstellung, dass bereits »alles versucht« worden ist, erschreckend. Auch wenn dies glücklicherweise zumeist eher eine Umschreibung von Ratlosigkeit der Professionellen als eine tatsächliche biographische Erfahrung des betroffenen Menschen ist, zeigt dies ein weiteres Dilemma unseres Handelns auf: Das Gefühl, keinen »Zugriff« auf Verhaltensweisen eines Menschen mit Intelligenzminderung zu haben, führt zu einer schleichenden Entfremdung von der individuellen Persönlichkeit und ihren Bedürfnissen. An die Stelle treten zunehmend Betreuungsansätze, die »man auch mal ausprobieren könnte«, ohne sich erneut in den einzelnen betroffenen Menschen zu versetzen. Gleichzeitig erfährt mein Gegenüber einen häufigen, in der Regel fremd bestimmten Wechsel in der Kommunikation und verliert oder entwickelt erst gar nicht – allen Regeln und Absprachen zum Trotz – die Möglichkeit der Erfahrung eigener Selbstwirksamkeit. Stattdessen wird sie*er sich weiterhin oder gar verstärkt auf die vertrauten, wenig wahrnehmungserweiternden Muster der Kommunikation und Konfliktlösung zurückziehen.

Ohne Zweifel können Strukturen sehr hilfreich bei der Alltagsbewältigung sein. »Tagespläne für Struktur« oder eine Gestaltung des Alltags nach TEACCH sind aber keine selbstwirksamen Mechanismen. Sie können, eingebettet in eine annehmende Grundhaltung, unterstützend und fördernd wirken. Sie ersetzen aber weder die Schaffung eines »sicheren Ortes« noch ein »aus-haltendes Verstehen« der*m Anderen gegenüber.

Wenn Haltung mehr als eine Leerformel in der gedruckten Ausgabe des Leitbilds einer Institution sein und stattdessen im Alltag pädagogischer Interventionen wirksam werden soll, dann scheint es mir wichtig, sich mit den genannten »Stolpersteinen« auseinander zu setzen. Das bedeutet, nach Antworten zu suchen, was die Entstehung von Energie und Wachstum nicht allein bei dem begleiteten Menschen, sondern ebenso bei mir selbst als Begleiter*in immer wieder behindert.

Gerade in der Betreuung von Menschen mit Verhaltensschwierigkeiten weicht die »pädagogische Präsenz« häufig einer »pädagogischen Ohnmacht«. Während oft in der Begleitung von Menschen mit schwierigen Verhaltensweisen der Glaube an die Wirksamkeit des eigenen (heil-)pädagogischen Handelns nur gering entwickelt zu sein scheint, gewinnen gleichzeitig zunehmend Erwartungen an eine Hilfe durch Lösungen anderer Disziplinen, etwa durch psychopharmakologische und/oder psychiatrische oder psychologisch-therapeutische Ansätze, an Bedeutung.

Diese Vermutung wird durch eine Untersuchung von Klaus Hennicke bestärkt, nach der ein Drittel (34,4%) aller (!) Bewohner*innen der Wohnheime in Berlin Psychopharmaka erhielten. Die Beweggründe zum letztlich recht umfassenden Einsatz von Psychopharmaka in Wohnangeboten, korrelieren überraschend wenig mit der beobachteten Auffälligkeit und folgen kaum differenzierten therapeutischen Zielen. Bei weniger als der Hälfte (48%) der Bewohner mit Psychopharmaka-Verordnung lag eine psychiatrische Diagnose vor, und die deutliche Mehrheit aller Mitarbeiter*innen der Wohneinrichtungen (zwischen 65–82% je Einrichtung) kannten die betroffenen Menschen nur unter Einnahme von Psychopharmaka. Wesentliche Initiator*innen des Einsatzes dieser Medikamente sind weder die verschreibenden Ärzte noch die Angehörigen und schon gar nicht die betroffenen Menschen selbst, sondern vorrangig die betreuenden Mitarbeiter*innen (Hennicke, 2008).

Die Ambivalenz, die unter heilpädagogischen Fachkräften beim Thema »Psychopharmaka« herrscht, wird auch durch die häufig verwendete Aussage »Eigentlich sind wir ja dagegen« deutlich. Der Einsatz von Psychopharmaka im Betreuungsalltag folgt daher offensichtlich eher einer unbestimmten »mystischen« Bedeutungszumessung als einer fachlichen Indikation (vgl. Bartelt, 2008). Dabei sind nachhaltige Entwicklungsschritte aufgrund der Gabe von Medikamenten bei den von mir beschriebenen Menschen in der Praxis eher selten. Viel häufiger kehren die Verhaltensweisen, die Anlass zu der medikamentösen Unterstützung oder Medikamentenänderung waren, nach relativ kurzer Zeit – auch unter der jeweils geänderten Verordnung – zurück.

Ähnlich verhält es sich mit der Nutzung psychiatrischer Angebote über die medikamentöse Behandlung hinaus. Immer wieder empfehlen (heil-)pädagogische Fachkräfte aus dem Umfeld des betroffenen Menschen (Förderschullehrer, Mitarbeitende einer Werkstatt für Menschen mit Behinderung, etc.) eine grundsätzliche Klärung mit dem Ziel einer Diagnosestellung und sich daraus ergebender Therapie durch eine »gründliche« psychiatrische Abklärung. Dieser Überlegung schließen sich dann nicht selten Betreuungsteams in besonderen Belastungssituationen an, da man die eigenen Einwirkungsmöglichkeiten für erschöpft hält. Eine solche längerfristige diagnostische Abklärung gestaltet sich für die angefragten Kliniken für (Kinder- und Jugend-)Psychiatrie bei dem besonderen Begleitungsbedarf von Menschen mit starker Intelligenzminderung und herausfordernden Verhaltensweisen in der Praxis schon oft aus personellen Gründen als schwierig bis hin als undurchführbar. Ob die im Aufbau befindlichen medizinischen Zentren für Erwachsene mit Behinderung (MZEB) hier künftig umfassender unterstützen können, bleibt zu hoffen. Gleichzeitig entstehen übersteigerte Erwartungen an die – vor allem nachhaltige – Wirkung eines solchen Aufenthalts. Manchmal erinnern mich diese Erwartungen auch von pädagogischen Fachkräften an eine Art von »Reparaturwerkstatt«, in der der jeweilige Mensch »wiederhergestellt« wird.

Diese Überforderung psychiatrischer Wirksamkeit führt nicht selten zu einem »Drehtür-Mechanismus«, in dem die Unterstützung der Klinik zunehmend auf die reine akute Krisenintervention für 24 oder 48 Stunden reduziert wird, mit entsprechender weitergehender Enttäuschung bei den (Heil-)Pädagog*innen. Die Entlassung der Patient*in zurück in ihren*seinen Wohnbereich erfolgt dann zumeist begleitet von der Aussage, sie*er könne entlassen werden, da »sie*er hier nichts macht« oder es handele sich um »ein pädagogisches und kein psychiatrisches Problem«.

Oft gibt es noch eine weitere, nicht ausgesprochene Erwartung an eine langfristige psychiatrische Klärung. Ein langfristiger Aufenthalt in einer Fachklinik entlastet für diese Zeit das bisher begleitende System, sei es Wohnangebot, Schule oder Werkstatt, ganz ungeachtet eines erhofften, darüber hinaus gehenden Erfolges. Dies scheint gerade in den Fällen ein Motiv zu sein, wenn Kliniken erleben müssen, dass die Bereitschaft des überweisenden Systems, während der Klinikphase aktiv mitzuarbeiten oder den betroffenen Menschen nach ihrem Ende wieder aufzunehmen, eher gering ist und bereits Bemühungen laufen, eine andere Einrichtung zu finden.

In gleicher Weise scheint die Erwartung an die Unterstützung durch den Einsatz therapeutischer Methoden oder Verfahren, die sich vielfach aus psychologischen Ansätzen herleiten oder unmittelbare psychotherapeutische Therapieangebote darstellen, manchmal mit der Hoffnung verbunden zu sein, dass durch diese Verfahren oder die Psychotherapie nicht allein eine Ergänzung der eigenen (heil-)pädagogischen Bemühungen einhergeht, sondern weitgehend an deren Stelle tritt. Das begleitende Wohnangebot versteht sich dann zunehmend auf die »Hotelleistung« reduziert, während »Heilung« oder zumindest »Besserung« von anderer Stelle und anderen Fachdisziplinen erwartet wird.

Es gibt in der Begleitung von Menschen mit Intelligenzminderung im Gefolge der zunehmenden Bedeutung der Therapie ab Ende der 70er Jahre des vorigen Jahrhunderts sehr viele therapeutische Ansätze, von denen einigen jeweils eine Zeitlang fast »Heilungscharakter« zugesprochen wurde. Ob dies die sogenannte »Festhaltetherapie« nach Irina Prekop war, die »Integrative Körpertherapie« nach Thijs Besems/ Gery van Vught und die »gestützte Kommunikation (FC)« oder die »basale Kommunikation« nach Winfried Mall, später dann die sogenannte »Delfintherapie« oder die Hinwendung zur »TEACCH«-Methode, zunächst bei Menschen mit Autismus-Spektrum-Störungen, oder die »Dialog Orientierte Körperliche (Krisen) Intervention , kurz DOKI genannt nach Carlos Escalera, Georg Feusers »Substituierende Dialogisch-Kooperative Handlungs-Therapie (SDKHT)«, die Musik-Körper-Therapie von Jose Facion und die »positive Verhaltensunterstützung« nach Georg Theunissen und den Überlegungen von Jacques Heijkoop, bis hin zu aktuell genutzten unterschiedlichen Deeskalationskonzepten (ProDeMa, PART, etc.) oder den Ansatz des »low araousal«, um nur beispielhaft einige der zahlreichen Ansätze zu nennen.

Ich selbst erinnere mich gut daran, mit wie viel Hoffnung die Mitarbeitenden zu Fortbildungen und Seminaren, darunter auch einige der oben genannten Protagonist*innen, in der von mir geleiteten Einrichtung gingen und mit wie viel Begeisterung und Enthusiasmus sie in die Praxis zurückkehrten. Eine Aufbruchstimmung, die dann recht bald mit den Mühen des Alltags schwand.

Für eine große Zahl von Menschen mit Intelligenzminderung stellen einige dieser Ansätze Entwicklungschancen und die Ermöglichung anderer Erfahrungen und Kommunikationsmöglichkeiten dar. (Andere führten eher zu weiteren problematischen oder gar traumatisierenden Erfahrungen).

Nicht alle Betroffenen ziehen dabei Gewinn aus den therapeutischen Angeboten. Wäre dies der Fall, wäre die weitere Suche nach Möglichkeiten des Verstehens und Kommunizierens mit meinem Gegenüber ja letztlich erfolgreich beendet und nicht mehr notwendig. Ich halte aber tatsächlich das Veränderungspotential durch einzelne besondere Verfahren oder Therapieangebote gerade für die in meinen Überlegungen im Mittelpunkt stehende Gruppe von Menschen nach meiner Erfahrung in der Praxis für deutlich weniger nachhaltig und entwicklungsanregend als oft erhofft.

Trotz aller Bemühungen bleiben viele der grundsätzlichen Kommunikationsprobleme der betroffenen Menschen bestehen.

Dies gilt ähnlich für psychotherapeutische Therapien, die Menschen mit stärkerer Intelligenzminderung und herausfordernden Verhaltensweisen nur selten zur Verfügung stehen. Psychologie kann mit Diagnostik unterstützen. Aber der Nutzen einer guten Diagnostik liegt letztlich in der Anwendung der Erkenntnisse oder der Entwicklung sich daraus ergebender Handlungsschritte in der Praxis.

Gleichwohl scheint es ein ständiges Hoffen der (Heil-)Pädagog*innen auf Antworten der benachbarten Fachdisziplinen zu geben. Eigene Handlungskonzepte werden selten als selbstwirksam erlebt.

Als die Fachzeitschrift der Lebenshilfe »Teilhabe«, früher »Geistige Behinderung«, vor einigen Jahren eine Doppelausgabe zum Thema »Behinderung und Verhaltensbesonderheiten« herausbrachte, waren von den insgesamt zehn Autor*innen neun von ihrer Profession her Psycholog*innen. Lediglich Carlos Escalera, seit vielen Jahren im therapeutischen Bereich tätig, ist Pädagoge.

Diese Fixierung des eigenen Blickes auf die Kompetenzen der »Anderen« führt zu einer doppelten Erschütterung der eigenen pädagogischen Identität: Zum einen werden Kleinheits- und Minderwertigkeitsgefühle gegenüber den anderen professionellen Berufsgruppen der Ärzt*innen, Psycholog*innen oder Therapeut*innen verstärkt, die Kooperationen im Interesse des betroffenen Menschen erschweren. Zum anderen verstärkt dieses Gefühl mangelnder Wirksamkeit den Wunsch, einen »Professionswechsel« vorzunehmen. Das bedeutet, dass nicht selten (Heil-)Pädagog*innen sich bemühen, in eher therapeutische Handlungsfelder zu wechseln, etwa Autismus-Ambulanzen oder Beratungsstellen.

Gleichzeitig wird das latente Gefühl der Minderwertigkeit durch Wahrnehmungen und Wertungen meines Handelns von außen, verstärkt: Besonders ausgeprägt in der pädagogischen Begleitung von Kindern mit Behinderung spüren begleitende Pädagog*innen – wie oben bereits benannt – eine Konzentration des elterlichen

Interesses auf die therapeutische Arbeit. Auf die Wirksamkeit von Physiotherapie, Logopädie oder Ergotherapie richtet sich fast das gesamte Interesse. Entsprechend werden Entwicklungsfortschritte auch fast ausschließlich dem therapeutischen Handeln zugeschrieben. Ein fachlich inhaltliches Interesse am pädagogischen Handeln besteht kaum, scheint es doch nichts anderes zu sein als die eigene, vertraute tägliche Betreuungsarbeit, die die Eltern zu Hause ja auch leisten (und sich dafür nur sehr selten loben ...)

Damit gerät die Balance zwischen alltäglicher Lebensbegleitung und -gestaltung und unterstützenden therapeutischen Angeboten in ein gefährliches Ungleichgewicht. Dietmut Niedecken schreibt dazu ganz treffend:

> »Besonders fatal ist es, wenn sich eine Spaltung etwa zwischen der guten therapeutischen Einrichtung und den bösen und unfähigen Betreuer(inne)n ergibt; wenn wir uns auf die gute, erfolgreiche therapeutische Seite schlagen und das Ertragen des alltäglichen Scheiterns denjenigen überlassen, deren Aufgabe es ist, den Betreuten das abhängig sein lebbar zu machen. Eine solche Spaltung wird unweigerlich dazu führen, dass die in ihrer Arbeit Entwerteten, aus Wut über die ihnen zugemutete Entwertung oder auch einfach aus Entmutigung, in ihrer Einfühlungsfähigkeit und insbesondere in ihrem Einfühlungswillen noch weiter beschränkt werden. Es ist klar, wer letztlich Leidtragende solcher unaufgelöster Spaltungen in Idealisierung und Entwertung ist: die bzw. der Betreute, Behandelte selbst« (Niedecken 2003).

Wenn ich nicht davon überzeugt bin, durch mein Begleitungsangebot auf den Anderen hin wirksam sein zu können, werde ich als (pädagogisch) handelndes Subjekt unbedeutend, ja letztlich überflüssig. Wenn mein Handeln auf mein Gegenüber hin keine wahrnehmbare Wirksamkeit hat, dann wird auch beliebig, wer dieses Beziehungsangebot macht und wann und wie durchgängig es stattfindet. Wenn mein Handeln aber letztlich ohnehin wirkungslos ist, laufe ich Gefahr, ein Vermeidungsverhalten zu entwickeln. Die fatale Wirkung der damit verbundenen Beziehungsunsicherheit beim betroffenen Menschen ist mir dabei häufig nicht bewusst, weil es letztlich austauschbar zu sein scheint, wer die betroffenen Menschen begleitet, wenn mein Handeln ohnehin keine Wirkung zeitigen wird.

Die tiefe Überzeugung von der Wirksamkeit meines Handelns stellt die Grundlage jeder pädagogischen Intervention dar. Die besondere Anforderung stellt dabei das offensichtliche Spannungsfeld zwischen dieser so selbstverständlichen und selbsterklärenden Erkenntnis und der Umsetzung in die Betreuungspraxis dar.

Ich möchte uns Pädagog*innen Mut machen: Die (Heil-)Pädagogik hat mehr Antworten auf die Frage herausfordernder Verhaltensweisen von Menschen mit Behinderung, als sie selbst bislang glaubt! Was also macht eine »aus-haltende«, von der eigenen Wirksamkeit überzeugte (Heil)Pädagogik aus?

11 Aus-halten als sinnstiftendes Beziehungsangebot

Ich halte es mit Dir (und Deinem Verhalten) aus als (heil-)pädagogische Intervention

Wenn ich auf die vergangenen Jahrzehnte der Begleitung von Menschen mit Behinderung und herausfordernden Verhaltensweisen zurückblicke, dann sind sie geprägt vom Suchen nach Möglichkeiten, die begleiteten Kindern, Jugendlichen und Erwachsenen dabei zu unterstützen, alternative Verhaltensstrategien zur Reduzierung von Krisen oder weniger belastende Lösungsmuster für Krisen zu entwickeln. Immer stand im Focus der Überlegungen der Wunsch nach der Förderung von Entwicklung bei meinem Gegenüber.

Dabei haben die (Heil-)Pädagogik und ebenso andere Disziplinen eine Vielzahl neuer Methoden oder Verfahren entwickelt. Fast allen Angeboten ist dabei gemeinsam, Menschen mit einem besonderen Unterstützungsbedarf in die Lage zu versetzen, alternative und konstruktivere Formen der Verhaltensäußerung zu entwickeln.

Nach wie vor aber erleben wir in unserem pädagogischen Alltag Menschen, für die diese unterschiedlichen Zugänge (noch) keine Brücke darstellen, zu einer anderen Form der Kommunikation zu gelangen. Vielmehr beschäftigt uns heute sogar eine größere Gruppe von Menschen mit herausforderndem Verhalten als etwa vor 20 Jahren. Die stetig steigende Zahl von »Spezial- oder Intensivgruppen« ist ein Hinweis darauf. Wenn ich auf die stationären Wohnangebote für Kinder und Jugendliche schaue, wird die Zahl der Menschen, die künftig als Erwachsene besonderer Unterstützung bedürfen, weiterhin wachsen. In diesen Einrichtungen leben zunehmend weniger Jugendliche, für die ein Leben etwa im ambulant betreuten Wohnen als Perspektive möglich scheint.

Immer wieder begegne ich in Fallbesprechungen Teams, die berichten: »Bei ihr oder ihm haben wir schon alles probiert«, all den vielfältigen Methoden zum Trotz und in einigen Fällen vielleicht auch wegen der vielen angewandten unterschiedlichen, manchmal sich gar widersprechenden Ansätze.

Unser Bemühen, einen Zugang zu meinem Gegenüber zu finden, eine Aufhebung von Blockaden, Stärkung von Selbstwahrnehmung zu erreichen oder das Vermitteln neuer Konfliktlösungsmuster, höherer Frustrationstoleranz und geringerer Reizüberflutung, scheint im professionellen Alltag einen Teil der begleiteten Menschen nicht zu erreichen. Dies fördert das Gefühl einer (heil)pädagogischen Wirkungslosigkeit und damit Ohnmacht bis hin zu Beliebigkeit unseres Handelns.

Dabei will ich hier klarstellen, dass ich die von mir wahrgenommene geringe Wirkweise vieler Ansätze nicht allein dem jeweiligen Verfahren anlaste, sondern hierfür eine Reihe von Gründen geltend machen kann. Vor allem die drastische Verschlechterung der Rahmenbedingungen gerade in der stationären Betreuung und Begleitung von Menschen mit Behinderung seit der Jahrtausendwende zählt dabei zu den wesentlichen Ursachen für den Anstieg von belastenden Begleitungssituationen.

Je mehr wir also akzeptieren müssen, dass pädagogische, psychopharmakologische und therapeutische Ansätze bei einigen Menschen mit besonderen Verhaltensweisen an Grenzen stoßen und oft, trotz gewisser anderer positiver Entwicklungen, das gezeigte Verhaltensmuster nur wenig verändern, umso wesentlicher scheint mir in der Begegnung mit diesen Menschen eine (Rück-)Besinnung auf die zugrundeliegende Haltung zu sein.

Das bedeutet keineswegs, auf entwicklungspsychologische Erkenntnisse, wie das Instrument des »SEO«, auf Strukturierung und Orientierung wie etwa beim »TEAACH-Ansatz« oder auf Deeskalationsansätze wie beim »low arousal«, zu verzichten.

Es scheint mir aber wichtig, unser Selbstverständnis von Wirksamkeit nicht allein darauf zu richten, ob wir bei unserem Gegenüber etwas »erreicht« haben, das im besten Fall gar messbar ist, sondern, ob es mir gelingt, die Begegnung an sich als etwas Wertvolles wahrzunehmen, ähnlich der oben (▶ Kap. 7) genannten sinnstiftenden vierten Frage.

Das ermöglicht es mir wieder, einen ergänzenden – eigentlich bekannten, aber vielleicht im Alltag ein wenig verloren gegangenen – Blickwinkel einzunehmen. Es geht letztlich um das Angebot, die oben beschriebene Haltung zur Grundlage meines (heil-)pädagogischen Handelns zu machen. Zu einem solchen Handeln gehört dann zunächst das »Aus-halten« als nicht resignatives, sondern aktives Kommunikationsangebot. Dies gilt gerade und besonders bei der von mir beschriebenen Gruppe von Menschen.

Letztlich geht es um Sinnstiftung im ganz basalen Sinn

Bereits vor mehr als anderthalb Jahrzehnten hat Winfried Mall in einer Replik auf Georg Feuser für ein »Ethos der Demut« plädiert. Er schreibt: »Demut legt Wert auf wirkliche wechselseitige Kommunikation, die damit beginnt, dass ich auf den anderen höre, mich seinem Einfluss aussetze, ihm zutraue, mir etwas von sich mitzuteilen, dass ich nicht schon kennen kann – sonst wäre es bereits keine Kommunikation mehr« (Winfried Mall, 2003)

Ich bin davon überzeugt, dass es für die begleiteten Menschen, aber vor allem für uns hilfreich sein kann, etwas von dieser Demut in unser professionelles Handeln aufzunehmen

Akzeptanz von Widersprüchen

Dies bedeutet auch, sich der Widersprüche zwischen gesellschaftlicher Forderung nach Inklusion und der Begleitungsrealität von Menschen mit Verhaltensauffälligkeiten bewusst zu werden. Die Umsetzung der Forderung nach Teilhabe und Selbstbestimmung scheint bei Menschen mit Verhaltensschwierigkeiten an ihre Grenzen zu stoßen und eine neue Gruppe von Betroffenen zu schaffen, die an der aktuellen Entwicklung nicht oder nur sehr begrenzt teilhaben können. Der offensichtliche Widerspruch zwischen dem propagierten Anspruch »Nichts ohne mich über mich« oder »Expertin oder Experte in eigner Sache« und der weiterhin bestehenden Realität der Begleitung von Menschen mit Behinderung und Verhaltensstörungen, die immer noch von starker Fremdbestimmung und viel Exklusion bestimmt wird, wird kaum kritisch hinterfragt.

Und was ist mit den Widersprüchen meines eigenen beruflichen Anspruches? Welche negativen Gefühle etwa aus der vermeintlichen geringen »Effektivität« oder dem Gefühl, »den Verhaltensweisen des Anderen ausgesetzt sein«, greifen in mir Platz, die meinen eigenen (heil)pädagogischen Anspruch in Frage stellen? Welche Gedanken, meine im Studium erlernten Kompetenzen und »skills« nicht anwenden zu können oder bei der Anwendung zu scheitern, beeinflussen meine Haltung und damit auch mein Handeln? Und spüre ich nicht auch manchmal das oben beschriebene Gefühl des weniger Wirksamen im Vergleich zu therapeutisch tätigen Kolleg*innen?

Wenn ich diese Gefühle, und meine Verwirrtheit ob meiner noch fehlenden Antworten, zulasse, habe ich eine gute Basis für eine »haltgebende« Einstellung, die nicht zu Resignation führt, sondern hilft, endlich den Blick zu erweitern und mich auf bisher wenig oder nicht Wahrgenommenes zu fokussieren:

- Ich habe keine gesicherten Antworten für Dich, vielleicht bin ich ebenso ratlos wie Du, aber:
- Ich bin der, der es neben und mit Dir aushält – ohne Voraussetzungen oder Erwartungen an Deinen Anteil, weil Du Mensch bist, auf den ich mich immer wieder neu einlassen möchte.

Das bedeutet zunächst einmal: Haltung muss man wollen.

»Ich halte es neben und mit Dir aus« bedeutet weniger ein resignatives Fügen in das Unabwendbare und schon gar nicht das Ertragen jeder und aller gezeigten Kommunikationsmuster und Verhaltensweisen, sondern die Zusage einer Verlässlichkeit der Beziehung. Marieke Conty (2013) fragt zu Recht »Wie bereit bin ich jemandem, der sich herausfordernd verhält, etwas Gutes zu tun?«

Diese Zusage umfasst Konflikte, Auseinandersetzungen und auch Auszeiten des Kontaktes, immer aber in der Gewissheit des grundsätzlichen Fortbestehens der Beziehung, etwa im Sinne von »Wir können uns streiten, aber Du wirst mich nicht los«.

Daraus – unterstützt durch die Frage »Was braucht der Mensch?«, die mir hilft, wie Mall es nennt, mich »hinzusetzen und hinzuhören« – leitet sich dann auch ab, dass ich aufgrund meiner »Vereinbarung« mit dem anderen Menschen, ihn zu begleiten, auch Unterstützung durch Strukturen suche, die ich immer wieder kritisch überprüfen und mit ihm abgleichen und neu – verbal oder nonverbal – vereinbaren muss.

Natürlich bewege ich mich damit auf einer Gratwanderung zwischen »Einlassen« und »Solassen«, deren Gelingen unter anderem davon abhängt, ob mir das »Akzeptieren des Soseins« gelingt, ohne aufzugeben, immer wieder »neue Wege anzubieten« und auszuhalten, dass diese ebenso immer wieder nicht angenommen werden.

Gerade das »Anbieten neuer Wege« verhindert aber das Entstehen von Resignation und am Ende vielleicht gar einer unguten Routine, die einen gefährlichen Boden für Missachtung und subtile Machtausübung darstellt.

Wenn heilpädagogische Haltung Beziehungsgestaltung ist, wie Rene Hofer dies fordert, dann kommt der fachlichen Fähigkeit und persönlichen Bereitschaft, Beziehung »auszuhalten«, die wesentlichste Aufgabe im (heil-)pädagogischen Handeln zu. Erst wenn diese Anforderung ein fester Teil meiner (heil-)pädagogischen Identität ist, wird der begleitete Mensch zu einer Person auf Augenhöhe und damit letztlich erst wirklich als Teilhabende*r inkludiert.

12 Halt für die Begleitenden

Was brauche ich, um mich handlungsfähig zu fühlen?

Um mich auf diese Grundhaltung einlassen zu können, hilft es mir zu wissen, dass die Begleitung einem Marathonlauf gleicht. Ich habe eine scheinbar unendlich lange Strecke vor mir. Und ich weiß vor Beginn des Laufes nicht, ob ich das Ziel erreiche oder vorher abbrechen muss. Jeder Abbruch des Laufes, ob nach 500 Metern oder nur wenige Meter vor dem Ziel, läuft aber Gefahr, von mir als Misserfolg gedeutet zu werden. Das Nichtgelingen droht dabei aber nicht so sehr durch das Verfehlen des Zieles, sondern vor allem dadurch, sich erst gar nicht auf den Weg zu machen – vielleicht auch wegen der Angst, das Ziel nicht zu erreichen. Der ungemein große Gewinn liegt in einer gemeinsam zurückgelegten Strecke.

Deshalb ist es wichtig, dass ich mir viel Zeit nehme, genau auf meine Kräfte achte, das Tempo meinen Reserven anpasse und mir auf dem Weg genügend »Pausen« gönne. Es ist sehr hilfreich, wenn ich mich mit dem Streckenprofil zuvor auseinandergesetzt habe, und noch besser, wenn ich ein Laufteam bilde, welches mir Unterstützung und Vergewisserung bietet. Kurz gesagt, wie kann ich dieses so sehr auf Nachhaltigkeit angelegte Angebot langfristig selbst psychisch und physisch gesund aufrechterhalten?

Das bedeutet vor allem zunächst, dass ich einen festen Rahmen für meine Tätigkeit benötige, der es mir ermöglicht, ohne eigene Unsicherheit oder Angst einem Menschen mit Intelligenzminderung und herausforderndem Verhalten eine Begleitung zuzusichern. Ich benötige Bedingungen, die meinen eigenen Schutz und meine Sicherheit weitestgehend gewährleisten. Dies bedeutet in erster Linie

- eine ausreichende personelle Ausstattung für den besonderen Auftrag,
- die Unterstützung eines Teams, die mich handlungsfähiger macht als das Agieren Einzelkämpfer*in,
- ein praxistaugliches Konzept zum Umgang mit Krisen
- und ebenso ein Nachsorgekonzept, um mich nach durchgestandenen Konflikten oder gar Übergriffen zu begleiten und zu unterstützen.

Dazu gehört aber ebenso ein Raumkonzept, das Rückzugsmöglichkeiten, Lärmreduzierung und variable Raumnutzungen erlaubt. Bei der Begleitung von Menschen mit fremdaggressiven Impulsdurchbrüchen bedarf es zudem der Möglichkeit, sich und andere Menschen in schützende Bereiche zurückziehen zu können (▶ Kap. 10.2 »Eine Tür zwischen sich und den hochangespannten Menschen zu haben«), und einer krisenresistenten Ausstattung der Räumlichkeiten, etwa durch die Art der

Möblierung und Dekoration und durch potentielle Schutzmaterialien wie etwa Decken oder (Sitz-)Kissen in großer Anzahl. Vor allem bedeutet das aber auch, dass ich die Gewissheit benötige, dass meine Vorgesetzten wissen, wie ich meinen beruflichen Auftrag in der Praxis umsetze und dass sie dieses Wissen durch Interesse, Wertschätzung, Offenheit, Rückmeldung und Mittragen von Krisensituationen deutlich machen.

Die Wahrnehmung und Unterstützung durch Vorgesetzte

Die Begleitung von Menschen mit Intelligenzminderung und herausforderndem Verhalten findet sehr häufig in (teil-)stationären Strukturen statt. Manchmal arbeiten oder wohnen Betroffene in sogenannten »Regelangeboten« als Gruppenmitglieder mit besonderem Begleitungsbedarf. Ein anderer Teil dieser Menschen arbeitet oder wohnt in besonderen »Intensiv-« oder »Fördergruppen«. In beiden Konstellationen kommt es regelmäßig zu belastenden Krisensituationen, die die persönlichen und fachlichen Kompetenzen der dort tätigen Mitarbeitenden massiv fordern und häufig auch überfordern. Für mich blieb ein prinzipiell nicht aufhebbarer Widerspruch meiner Arbeit als Leiter einer Einrichtung, Arbeitsplätze anzubieten, an denen ich den Schutz meiner Mitarbeiter*innen vor Verletzung – allen konzeptionellen Maßnahmen zum Trotz – nicht garantieren konnte. In bestimmten Anspannungssituationen ist ein Übergriffversuch oder Übergriff auf Mitarbeitende nicht ausschließbar.

Das bedeutet, dass ich einen Arbeitsplatz anbiete, der die Gefahr möglicher Verletzungen mit beinhaltet. Dabei fordert die versuchte Abwehr eines Übergriffes, der versuchte Schutz der eigenen Person, der Schutz der Mitbeschäftigten oder Mitbewohner*innen und die Verhinderung schwerer Selbstverletzungen oder Destruktionen immer wieder einen auch körperlichen Einsatz zur Begrenzung oder Gefahrenabwehr von der*dem Mitarbeitenden. In der Praxisrealität – in kaum einem Betreuungskonzept erwähnt – stellt dies eine Gratwanderung dar, die stets Gefahr läuft, nicht genehmigte freiheitsentziehende Maßnahmen (FEM) anzuwenden oder mit einem über die reine Gefahrenabwehr hinausgehenden Maß an Gegenwehr zu reagieren. Diese Grauzone wird öffentlich kaum thematisiert und bleibt somit individueller Bewertung und vor allem Entscheidung überlassen.

Die konsequentere Verpflichtung zur Dokumentation und gesetzlich geregelte, bewohnerorientierte Vorgaben etwa bei der Anwendung von FEM hat bei einigen Mitarbeitenden gerade in der Begleitung der von mir benannten Gruppe von Menschen nicht, wie erhofft, zu Sicherheit und Klarheit für das eigene Handeln geführt, sondern zu einem Gefühl weiterer Ohnmacht in Krisensituationen. Das wird dann von den Mitarbeitenden so erlebt, dass ihnen (vermeintlich letzte) Handlungsmöglichkeiten genommen wurden ohne ihnen neue Angebote des

Agierens in Krisen mit auf den Weg zu geben. Dies führt bei nicht wenigen Leitungsverantwortlichen dazu, dass sie – weil die Diskrepanz zwischen konzeptionellem Anspruch und Wirklichkeit wächst – sich eher aus der Begleitung des konkreten Betreuungsalltages der Kolleg*innen zurückziehen und nur noch wenig präsent sind. Bei zahlreichen Fallberatungen in verschiedensten Einrichtungen erlebe ich, dass sich die Kommunikation mit der Leitung auf die Forderung des Teams beschränkt, die schwierige Person müsse in ein anderes Arbeits- oder Wohnangebot wechseln, und die ebenso stereotype Antwort der Leitung, dies sei zurzeit nicht umsetzbar. So kommt es zu einem zunehmenden Verlust an Kommunikation, der die oben (▶ Kap. 9) geschilderte »dämonische Sicht« verstärkt: Das Team berichtet der Leitung über die jeweils neuesten Übergriffe des oder der Betroffenen. Die Leitung setzt dem entgegen, dass der Betreuungsauftrag zurzeit weiterhin bestehe.

Diese destruktive Entwicklung kann zu einer »tragischen« Sichtweise führen, wenn es Leitung gelingt, für die Arbeitssituation der Kolleg*innen Interesse und Mitgefühl zu zeigen, auf Befindlichkeiten zu achten und sich den (nicht immer angenehmen) Rückmeldungen aus dem Team zu stellen, auch wenn aktuell grundsätzliche Veränderungen nicht möglich sind. Die Botschaft »Ich kann Ihnen zurzeit keine einfache Lösung anbieten, aber ich nehme Anteil an Ihrer Situation und unterstütze sie hinsichtlich der Rahmenbedingungen und durch Beratungsangebote« ist absolut wichtig. Sie mindert zudem die Gefahr, dass sich neben der offiziellen Konzeptkultur eine wenig kontrollierte Parallelwelt des »Sich-selber-Helfens« entwickelt, etwa – um nur ein Alltagsbeispiel aus der Praxis anzuführen – indem durchgeführte FEM nicht mehr dokumentiert werden und damit »nicht stattgefunden« haben.

Eine solche fatale Entwicklung hat dann naturgemäß auch wesentlich Einfluss auf die eigene psychische Verfassung. Wenn ich im Hinblick auf mir anvertraute Menschen Entscheidungen getroffen oder Handlungen vorgenommen habe, die ich selbst als grenzwertig erlebe und bewerte, belastet mich dies. Der daraus entstehende Konflikt durch die »Aufgabe meiner Ideale« kann langfristig belastende Folgen haben. Mitarbeitende haben deshalb das Recht und den Anspruch darauf, durch ihre Vorgesetzten wahrgenommen und bestärkt zu werden.

Eine andere stärkende Intervention durch Leitung besteht darin den Begleitungsauftrages für einen Menschen mit Intelligenzminderung und herausforderndem Verhalten zu begrenzen. Eine solche Begrenzung beugt der Überforderung ebenso wie dem Gefühl des allein gelassen Werdens vor. Sie kann durch unterschiedliche Modelle gestaltet werden:

Gerade wenn Menschen (s. Praxisberichte ▶ Kap. 15) eine individuelle Einzelbegleitung benötigen, ist es oftmals hilfreich, diese Aufgabe nicht an eine*n Mitarbeiter*in im Arbeitsbereich oder im Bereich des Wohnens zu übertragen, so dass deren gesamte Arbeitszeit mit der Begleitung der betroffenen Person ausgelastet ist. Angemessener sind hier verlässliche Wechsel, bei denen sich die in der Begleitung Tätigen auch anderen Aufgaben widmen, die weniger durch Fokussierung auf ein einziges Gegenüber gekennzeichnet sind. In manchen Fällen ist es auch tatsächlich kaum »aushaltbar«, mit einem Menschen sieben oder acht Stunden ununterbrochen zu verbringen.

Eine zweite, ergänzende und auf weit mehr Begleitsettings anwendbare Methode stellt die Vereinbarung dar, die Aufgabe der Begleitung einer sehr herausfordernden Gruppe von Menschen zeitlich zu befristen. So kann es gleich bei der Aufnahme der Aufgabe die Absprache geben, dass diese Aufgabe zunächst für zwei Jahre übernommen wird und dann automatisch endet und durch eine andere Aufgabe ersetzt wird, wenn die*der Mitarbeitende nicht selbst aktiv um weitere Verlängerung des Auftrages bittet. Dieser Antrag kann dann etwa im jährlichen Mitarbeiter*innengespräch oder Personalentwicklungsgespräch reflektiert werden. Diese Umkehrung der Handlungsinitiative führt dazu, dass die*der Mitarbeitende nicht das Gefühl entwickelt, um eine Ablösung aus der sehr belastenden Aufgabe bei der Leitung bitten zu müssen und damit neben der erlebten Belastung durch den Betreuungsauftrag zudem eine gefühlte »Schwäche« oder »Überforderung« aktiv benennen zu müssen.

Die Zusammenarbeit im Team

Der Zusammenarbeit im Team kommt beim Ansatz des »Aus-Haltens« eine ebenso bedeutsame Rolle zu. »Aus-halten« ist darauf angewiesen, dass eine achtsame Streitkultur existiert, die einerseits Raum bietet, eigene Gefühle und Befindlichkeiten zu äußern, und andererseits einen Austausch von Wahrnehmungen, Einschätzungen und fachlichen Vorschlägen erlaubt. Damit wird einem resignativen Erdulden oder einer Haltung des geringsten Widerstandes (»den Tag irgendwie überstehen«) vorgebeugt. Hilfreich ist dabei die Verabredung eigener Teamleitsätze für die Praxis. In regelmäßigen Zeitabständen wählen einzelne Teammitglieder einen dieser Leitsätze aus und erläutern, ob das Team diesem Leitsatz gerecht wird oder ob sich im Alltag dazu Defizite feststellen lassen.

Die gleichen Grundhaltungen, die ein positives Feedback durch Leitungsmitarbeitende fördern, unterstützen auch die Kommunikation innerhalb eines Teams. Wertschätzung, Offenheit und Interesse an der Arbeit meiner*s Kolleg*in lassen eine eigene, offene und nicht abgrenzende Teamidentität entstehen. Dazu braucht es im beruflichen Alltag Zeit, Raum und oft die Prozessbegleitung von außen, um wirksam werden zu können. Aufgrund der Fluktuation in Teams sollte diese Unterstützung unbedingt als dauerhaftes Begleitungsinstrument zur Verfügung stehen.

Die Orientierung an einem praxisgerechten Konzept zum Umgang mit Krisen

Die allermeisten Einrichtungen verfügen über ein Konzept zum Umgang mit Krisen. Dazu gehören neben Ablaufschemata bei Krisen, Ampelsystemen, Dokumentationen, Fort- und Weiterbildungen und Supervisionen auch regelmäßige Schulungen in einer Deeskalationstechnik. Die Kenntnis einer Schutzmöglichkeit für mich und Andere stärkt die Handlungsfähigkeit und die Bereitschaft zum aktiven Handeln anstelle des Rückzugs auf abwehrende oder »beschwichtigende« Reaktionen.

Gleichwohl ist es bei der Begleitung von Menschen mit Intelligenzminderung und herausforderndem Verhalten – allen vorausschauenden Unterstützungsmaßnahmen zum Trotz – nicht möglich, Übergriffe auf andere Menschen vollkommen auszuschließen. Das umfasst auch Übergriffe auf meine eigene Person als professionelle*r Begleiter*in.

Das Erleben, einer Situation ausgesetzt zu sein, in der ich kaum Einfluss auf den weiteren Verlauf der Handlungen habe, ist hoch bedrohlich für die eigene Psyche. Und dieses Erlebnis hat langfristige Nachwirkungen und kann bestimmend werden für mein künftiges Verhalten in vergleichbaren Situationen.

Ein mögliches Konzept der Beachtung

Ein wichtiger und förderlicher Aspekt in Konzepten zur Nachsorge für Mitarbeitende, die Übergriffen ausgesetzt waren, ist die Aufmerksamkeit für die Betroffenen selbst. Häufig geht es nach Übergriffen um eine Analyse der Situation, um Fragen, was künftig getan werden kann, um eine vergleichbare Situation zu vermeiden, zumindest ihre Häufigkeit zu mindern, und um die – berechtigte wichtige – Frage, was der begleitete Mensch, der hoch angespannt war, künftig braucht. Dabei rückt die oder der vom Übergriff betroffene Mitarbeitende manchmal in den Hintergrund. Gerade in Intensivgruppen zählt auch das »Wegsteckenkönnen« solcher Erlebnisse zur »Teamkultur«. Ich erinnere mich an das Team einer Intensivgruppe, die alle »Dienst-T-Shirts« mit der Aufschrift »task-force« trugen. Das Ertragen aggressiver Übergriffe als selbstverständlichen Bestandteil meines beruflichen Auftrages ist aber nicht nur auf das Team oder die Einrichtung beschränkt: Eine Mitarbeiterin aus meiner Einrichtung, die ich bestärkt hatte, einen massiven Angriff auf ihre Person bei der Polizei anzuzeigen, erhielt von den Beamten den Hinweis »Sie wissen aber schon, wo Sie arbeiten?«

In dieser Einrichtung haben wir ein »Konzept der Beachtung« entwickelt, das neben einer Sinnstiftung als moralisch-ethische Grundlegung (»Warum tue ich das hier?«) konkrete Ziele (»Was will ich mit meinem Tun erreichen?«) und Qualifikation, Weiterbildung sowie Supervision (»Wer gibt mir Handwerkszeug für mein Handeln?«) umfasst.

Eine »Kultur der Beachtung« gibt dem Opfer von Übergriffen darüber hinaus drei Gewissheiten:

- Ich werde gesehen und erhalte Rückmeldungen.
- Übergriffe auf mich werden gesehen und thematisiert.
- Es gibt eine festgelegte und zuverlässige Kultur des Umgangs mit Übergriffen.

Dieser Umgang stellt sicher, dass ich als betroffene Person durch die Leitung Wertschätzung erfahre. Dies kann, je nach meinem Wunsch, in einem Einzelgespräch, ebenso aber innerhalb der Einrichtung auch öffentlich, vor Kolleg*innen oder auch vor den Täter*innen geschehen. Das nachfolgende Schaubild stellt ein Beispiel für einen solchen Ablauf dar:

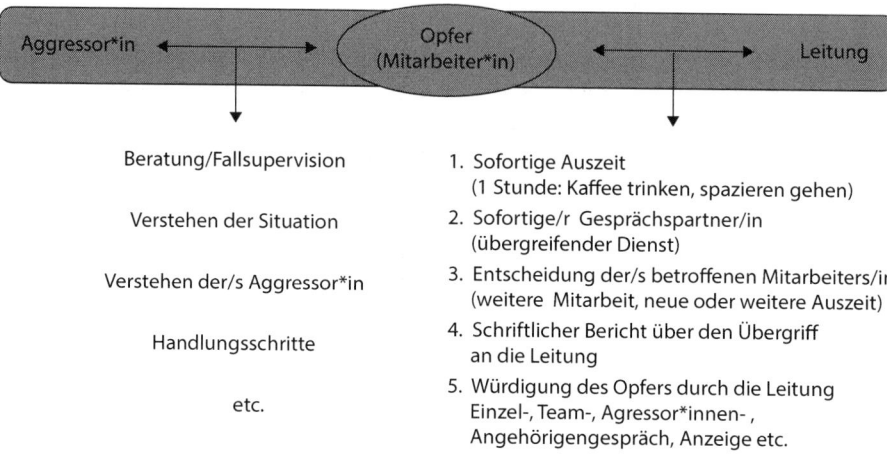

Abb. 3: Beispiel möglicher Handlungsschritte nach einem Übergriff auf Mitarbeitende

Wie aus der Traumatherapie bekannt, kommt der öffentlichen Benennung des von mir erlittenen Unrechts eine sehr wichtige Bedeutung zu. In der Praxis der von mir geleiteten Einrichtung im Ruhrgebiet hat eine ganz deutliche Mehrheit der betroffenen Mitarbeitenden eine Form der öffentlichen Verurteilung des Übergriffs – meist innerhalb einer Teamsitzung – durch mich als Einrichtungsleiter gewünscht. Auch dadurch ist mir zunehmend deutlich geworden, was für Opfer eines Übergriffs wichtig ist. Dies gilt auch, wenn scheinbar »nichts« passiert ist und das Opfer die Notwendigkeit des Innehaltens und der Sorge für sich nicht unmittelbar erkennen oder benennen kann.

Achtsamer Umgang mit sich selbst

Schließlich geht es aber auch um den achtsamen Umgang mit sich selbst, das Erkennen, Zulassen und vor allem Aussprechen eigener Grenzen, Befürchtungen und Gefühle. Die Sorge für ein langfristig physisch und psychisch gesundes Tätigsein und -bleiben in der Begleitungsaufgabe von Menschen mit Intelligenzminderung und herausforderndem Verhalten hat auch mit einem guten Umgang mit sich selbst zu tun. Neben den verschiedenen Möglichkeiten einer persönlichen Stärkung und Entwicklung von Achtsamkeit durch Übungen und Methoden gibt es auch eine unmittelbare Auswirkung der Achtsamkeit auf mein Tun in der Begleitung dieser besonderen Menschen.

Wenn (heil-)pädagogische Arbeit vorrangig Beziehungsarbeit ist, dann ist ein aufmerksamer Umgang mit meinen Energien wichtig, um zu spüren, wann ich mehr Nähe aushalten kann, ebenso aber wann ich mehr Distanz oder gar eine Auszeit benötige.

Es gehört auch dazu, die »kleinen Momente« von Freude, gelungenen, entspannten Begegnungen mit dem*r Anderen wahrzunehmen, wertzuschätzen, nach Dienstende noch einmal auszusprechen (im Idealfall mit den Kolleg*innen als kleines Ritual zum Dienstende »Was ist uns heute gut gelungen?«) und so bewusst gemeinsam zu erleben. Absolut wichtig finde ich es, dem begleiteten Menschen dies zu spiegeln. Das kann durch ein Lächeln, einen freundlichen Blick, aber ebenso durch eine Aussage wie »Heute habe ich mich mit Dir wohl gefühlt« geschehen. Ein achtsamer Umgang mit mir selbst hilft dabei auch längerfristige Begleitungen einzugehen, die dem Bedürfnis nach verlässlicher Wegbegleitung des betroffenen Menschen weit näherkommen, als eine sehr intensive, aber überfordernde Nähe, die dann durch mich aufgrund meiner gefühlten Überforderung abgebrochen werden muss. Dabei halte ich es für wichtig, die Dauer einer Beziehung nicht als einziges Kriterium der Bewertung ihrer Qualität zu sehen. Das »sehr lange« stellt noch keinen Wert an sich dar.

13   Wer wirkt noch mit?

In den bisherigen Ausführungen habe ich die Beziehung zwischen Menschen mit Intelligenzminderung und herausfordernden Verhaltensweisen und der*dem professionellen Begleiter*in in den Mittelpunkt meiner Überlegungen gestellt. Im letzten Kapitel habe ich zudem auf die Einflüsse durch Teamkolleg*innen und Leitungskräfte hingewiesen. Die Dynamik des Begleitungsprozesses wird aber nicht unwesentlich von weiteren Handelnden beeinflusst. Neben den Vertreter*innen des professionellen Begleitungssystems (unter Einbeziehung von Kolleg*innen aus dem Bereich der Therapie) sind dies vor allem die Mitbewohner*innen bzw. Kolleg*innen am Arbeitsplatz, die gesetzlichen Betreuer*innen und ganz wesentlich die Angehörigen aus dem familiären Kontext des betreffenden Menschen.

Mitbewohner*innen bzw. Mitbeschäftige am Arbeitsplatz

Wie bereits erwähnt spielt die Gruppe, in der sich der jeweilige Mensch bewegt, eine nicht zu unterschätzende Rolle. Häufig wird sie sogar als der wesentliche Grund genannt, warum jemand nicht länger »aushaltbar« scheint. Die beschriebenen Beispiele (»Sie ist hier in der völlig falschen Gruppe«, »Bei der Zusammensetzung der Gruppe ist er hier nicht weiter tragbar«, »Wenn wir ihm immer Einzelbetreuung anbieten könnten, dann ginge es ja vielleicht noch«) machen deutlich, dass die*der betroffenen Person zugeschriebenen Problematiken nicht absolut sind, sondern dass eine Korrelation mit den Bedingungen des weiteren Begleitungsauftrages und vor allem den Bedürfnissen der übrigen Mitbewohner*innen oder Mitbeschäftigten besteht.

Die Gruppe ist der Rahmen für gelingende oder misslingende Kontakt- oder Nähe-Wünsche, für Auseinandersetzungen oder Angst vor Aufmerksamkeitsverlust (»Solange sich alles nur um sie dreht …«) und – gerade bei der Gruppe der Menschen, von denen dieses Buch handelt – auch der Ort der Angst vor Übergriffen durch eine*n Mitbeschäftigte*n bzw. Mitbewohner*in. Gerade die traumatisierende Wirkung, (immer wieder) Zeug*in eines in meinem Lebensumfeld stattfindenden Übergriffs zu werden, betroffene oder manchmal gar hilflose Mitarbeitende zu erleben, darf in keiner Weise unterschätzt werden und benötigt unbedingt Beachtung und eigener Angebote. So gibt es viele Gruppenkonstellationen, für die der wichtige Grundsatz eines sicheren Ortes »frei sein von Angst vor Gewalt oder Übergriffen« in der Praxis nur sehr eingeschränkt erfüllbar ist.

Die gesetzlichen Betreuer*innen

Die Einbeziehung der unmittelbar Betroffenen in ihre eigene Lebensplanung, ihre Bedürfnisse an Teilhabe und Partizipation stellt – gerade, wenn die Möglichkeit aktiver Sprache nicht oder nur sehr begrenzt zur Verfügung steht – Teilhabeplanungen vor grundsätzliche Schwierigkeiten. Viele betroffene Menschen sind selber in keiner Weise an Entscheidungen über ihr Leben beteiligt. Weder bei der Wahl ihres Wohnortes noch ihres Arbeitsplatzes, bei zahllosen weiteren Entscheidungen zum Alltagsleben werden sie einbezogen bzw. können sie nur sehr rudimentär einbezogen werden. Sie sind wesentlich auf die Interpretation ihrer nonverbalen Äußerungsformen durch ihre unmittelbare Umwelt angewiesen. Dies stellt auch ihre gesetzlichen Betreuer*innen vor eine sehr schwierige Aufgabe. Wenn diese Aufgabe zudem mit der Rolle der Mutter, des Vaters oder des Geschwisters geteilt werden muss, wird ihre Wahrnehmung weiter erschwert. Sie sind zu ihrer Urteilsbildung dann oft auf Informationen und Beobachtungen der professionellen Mitarbeitenden angewiesen, zu denen sie rechtlich ein Gegenüber bilden sollen. Trotzdem, oder gerade deshalb, ist eine offene Kommunikation sehr wichtig, bei der eine tragische Sicht hilfreich sein kann, um ein konstruktives Miteinander zu erreichen. Dies lebt von der Einsicht, dass gesetzliche Betreuer*innen, die allen meinen Vorschlägen zum betroffenen Menschen folgen, sicher am wenigsten anstrengend sind, aber nicht unbedingt immer förderlich für eine bewohner- bzw. beschäftigtenorientierte Sicht.

Das familiäre Umfeld

Das führt direkt zum familiären Umfeld des jeweiligen Menschen mit Intelligenzminderung und herausfordernden Verhalten. Aus meiner langen Tätigkeit im Kinder- und Jugendbereich habe ich die Erfahrung mitgenommen, dass Eltern zunächst einmal per se »schwierig« sind. Eine Erfahrung, die im Übrigen bei Angeboten für erwachsene Menschen fortzubestehen scheint. An die Stelle der Eltern treten hier dann zunehmend die Schwestern oder Brüder.

Dieses Thema beschäftigt mich seit vielen Jahren, und es irritiert mich immer noch. Wir haben eine enorme fachliche Qualität in unserem (heil-)pädagogischen Tun entwickelt. Unseren Alltag prägt dessen ungeachtet immer noch die Begegnung mit Eltern, die die Behinderung ihres Sohnes oder ihrer Tochter nicht akzeptiert haben. Eltern, die ihr erwachsenes Kind verwöhnen und keinerlei Grenzen setzen, Eltern, die nicht verstehen, dass wir hier noch sieben weitere Menschen betreuen müssen, Eltern, die unser tägliches Bemühen nicht anerkennen, sondern sich immer nur beschweren und so weiter. Diese aus unterschiedlichen Gründen anstrengenden Angehörigen scheinen uns beinahe weniger willkommen als die, die für ihre*n behinderte*n Sohn oder Tochter nach der Aufnahme in eine Wohneinrichtung weniger Interesse zeigen und unseren Vorschlägen in der Regel zustimmen. Es gibt zur Situation von Angehörigen von Menschen mit Intelligenzminderung sehr viele Publikationen, Untersuchungen und Fortbildungsangebote, die alle um Verständnis und Wertschätzung werben. Wir Fachkräfte scheinen aber im Hinblick auf die Eltern besonders verletzlich zu sein und recht hartnäckig an unserer Einschätzung festzuhalten. Bei meinem Rückblick auf intensive Begegnungen und auch Begleitungen von Eltern in den vergangenen Jahrzehnten nehme ich mich da selbst nicht aus. Deutlich geworden ist mir, dass unser Umgang mit Angehörigen unmittelbar mit dem Thema dieses Buches zu tun hat. Es geht um die Bereitschaft »Auszuhalten«, gerade auch hier in einem aktiven Sinn. Wir vertreten unterschiedliche Werte und Präferenzen, und es ist nicht das Ziel, gemeinsame Positionen zu entwickeln, sondern einander zuzuhören und respektvoll mit meinem Gegenüber umzugehen. Ich hatte das Glück, für den Träger nicht nur eine Wohneinrichtung für Kinder und Jugendliche mit Behinderung konzipieren und in der Praxis umzusetzen, sondern zudem auch eine Beratungsstelle für Familien mit Kindern mit Behinderung aufzubauen, die seit 2007 besteht. Diese »FamilienAssistenz« (s. Bartelt/Gottschling, FamilienAssistenz 2009) wurde von Eltern aufgesucht, die Fragen zu rechtlichen, schulischen, erzieherischen Themen hatten. Meist bestand der Anlass der Kontaktaufnahme in einem aktuellen Konflikt mit Behörden, Lehrer*innen und häufig auch in der Familie. Wenn diese Eltern, vorrangig Mütter, am Anfang des Gespräches von ihrer bisherigen Geschichte mit ihrem besonderen Kind berichtet hatten, war es meinen Mitarbeiterinnen und mir ein Anliegen, den Eltern zunächst einmal zu sagen, welch' unglaubliche Leistung sie in den bisher 8 oder 12 oder 15 gemeinsamen Lebensjahren mit ihrem Kind erbracht hatten und wie sehr sie darauf stolz sein konnten. Diese wertschätzende Bestätigung schien für viele Mütter eine eher seltene und ungewohnte Rückmeldung dazustellen. Manche von ihnen waren regelrecht betroffen. Und das waren Eltern, die, bevor sie zur »FamilienAssistenz« kamen, eine Vielzahl an Gespräche mit Ärzt*innen, Therapeut*innen oder Lehrer*innen hinter sich hatten …

Menschen mit Intelligenzminderung und herausforderndem Verhalten haben – wie alle Menschen – immer ein familiäres Umfeld, das Einfluss auf ihre Lebensgestaltung hat, ganz egal, ob sie noch zu Hause wohnen, zweimal in der Woche von Angehörigen besucht werden oder seit Jahren nichts mehr von ihnen gehört haben. Sich diese Tatsache immer wieder bewusst zu machen, gerade wenn kein aktueller Kontakt zu einer Familie besteht, und »auszuhalten«, dass dies neben meinen Bemühungen eine weitere wichtige und grundsätzlich wünschenswerte Einflussvariable im Leben der begleiteten Menschen darstellt, ist damit Teil einer annehmenden und unterstützenden Beziehung.

14   Kurze Schlussbemerkung zu Teil I und Teil II

Wenn alles nichts hilft ...

Die Berücksichtigung aller bisher genannten Hinweise und Erklärungen liefert aber keine Garantie dafür, dass damit in jedem Einzelfall eine Auflösung des verwickelten Lebensknäuels erfolgt. Deswegen lassen Sie mich noch zwei Gedanken zum »Nichtgelingen« als Bestandteil meines pädagogischen Handelns anzufügen:

- Wenn ich die Möglichkeit des »Nichtgelingens« zu einem Teil meiner Haltung dem Menschen gegenüber mache, stärke ich die Basis des »Aus-Haltens« und schütze sie*ihn, aber insbesondere auch mich, vor Überforderung und folgender Enttäuschung.
- Wir sind nicht zeitlebens verantwortlich für das, was wir uns einmal vertraut gemacht haben. Die Forderung von Antoine Saint-Exupery gilt nicht so allumfassend und erdrückend.
- Wir sind nicht verantwortlich für die Behinderung, die Lebensgeschichte, erlittene Traumata, Bewältigungsstrategien und vieles mehr, was ebenso Einfluss auf das gezeigte aktuelle Verhalten hat.
- Wir können Beziehung und »neue Wege« anbieten, aber nicht erzwingen.

Unter dieser Sichtweise kann es ganz hilfreich sein, dass die begleiteten Kinder, Jugendlichen oder erwachsenen Menschen eigene Wege gehen bzw. an eigenen Mustern festhalten. So erlaubt mir das »Stolpern« in meinen Bemühungen vielleicht eine neue Sichtweise als nächste Chance.

Teil III: »Es gibt keinen Mangel an Rückmeldungen, sondern nur einen Mangel an Verstehen meinerseits.«

15   »Es muss nicht immer Intensivgruppe sein …«

Menschen, die mir begegnet sind

Welchen Einfluss haben nun diese Überlegungen auf die Praxis und wie verändern sie die Betreuungswirklichkeit der betroffenen Menschen?

In den vier Jahrzehnten meiner beruflichen Praxis sind mir sehr viele Menschen begegnet, die einen tiefen Eindruck bei mir hinterlassen haben. Ich möchte im nachfolgenden Kapitel von Menschen berichten, die trotz ihres jugendlichen Alters bereits mehrfach die Erfahrung machen mussten, nicht »aus-gehalten« zu werden. Die Gründe hierfür lagen sowohl in der Überforderung ihrer Familien und den Grenzen der jeweiligen institutionellen Betreuungssysteme als auch in der Überforderung der Professionellen, die den Begleitungsauftrag in der Praxis umsetzen sollten. Sie sind damit individuelle und strukturelle »Systemsprenger« im tatsächlichen Wortsinn.

Was der Anspruch des »Aus-Haltens« über die eigene (heil-)pädagogische Haltung hinaus für einen institutionellen Rahmen bedeutet, möchte ich nachfolgend beschreiben. In den Beispielen wird deutlich, dass das »Aus-Halten« nicht allein von den individuellen Fähigkeiten der fachlichen Begleiter*innen abhängt, sondern dass es auch immer struktureller Rahmenbedingungen bedarf, um diesem Anspruch gerecht zu werden.

Stefan – Bedeutung des »sicheren Ortes« und des eigenen Tempos

Stefan gehörte zu den ersten sechs Bewohner*innen der 2000 neu eingerichteten und damit ersten Intensivgruppe der damals von mir geleiteten Einrichtung. Wie im vorherigen Kapitel ausgeführt, hatte ich mich sehr lange mit dem Konzept von Intensivgruppen schwergetan. Stefan hatte aufgrund seiner autistischen Prägungen zunehmend Ängste vor anderen Menschen entwickelt, die er nur aggressiv agieren konnte. In der Schule war es ihm zuletzt nur noch möglich, sich unter einem Tisch zu verbergen, was schließlich zum Schulausschluss führte. Zu Hause wurde es immer schwieriger, ihn zum Verlassen seines Zimmers zu bewegen. So nahmen auch die Übergriffe auf seine Eltern und seine Schwester zu, wenn diese sein Zimmer aufsuchen mussten. Der Gang der Eltern zu Therapeuten, Ärzten und Kliniken blieb ohne jeden sichtbaren Erfolg. Schließlich war die Familie so erschöpft, dass ein weiterer Aufenthalt in einer kinder- und jugendpsychiatrischen

Klinik scheinbar unumgänglich wurde. Stefan reagierte mit allen ihm zur Verfügung stehenden Abwehrmöglichkeiten. Dies führte dazu, dass er ganztägig auf ein Bett fixiert war und schließlich aufgrund seiner Nahrungs- und Flüssigkeitsverweigerung durch eine Nasensonde ernährt wurde. Auf diese Erfahrung sind offensichtlich seine seither bestehenden Schwierigkeiten bei der Nahrungsaufnahme zurückzuführen.

Gegen den Rat der behandelnden Ärzte unterbrach die Familie diesen Klinikaufenthalt und holte Stefan erneut nach Hause. Allerdings überschritt die zuhause fortgesetzte Betreuung von Stefan bald schon die Belastungsgrenzen der Familie, so dass schließlich eine umfassende Unterstützung durch eine Heimaufnahme unausweichlich wurde.

Nach einigen familienentlastenden Kurzzeitaufenthalten zog Stefan dann in die neue Intensivgruppe. Zu diesem Zeitpunkt war Stefan 15 Jahre alt. Natürlich stellte auch hier seine Angst vor Nähe das Hauptproblem der Kontaktaufnahme und Beziehungsgestaltung dar. Jeder Versuch von anderen, mit ihm Kommunikation aufzunehmen, konnte diese Angst aktivieren und führte in der Regel zu einem Kontaktabbruch. Dieser wurde häufig ohne einen für sein Gegenüber erkennbaren Auslöser durch einen plötzlichen aggressiven Impuls eingeleitet, dem ein Abwenden und Schweigen folgte. Dies erinnerte an eine Dissoziation.

Alternativen zum Reden

Stefan benötigte dann unterschiedlich lange Zeit für sich, um erneut in Kontakt treten zu können. Als wichtige Überbrückungshilfe diente dabei – wie in der Kommunikation der gesamten Begleitungszeit – seine Fähigkeit, sich schriftlich mitzuteilen. Zum Teil vergingen Stunden, in denen zwischen ihm und seiner Bezugsperson vor dem Zimmer schriftliche Botschaften unter der Tür hindurch ausgetauscht wurden.

Raumteiler zum Erhalt eines »sicheren Ortes«

Die Kommunikationsbedingungen in seinem Zimmer mussten diesem Schutz- und Rückzugsbedürfnis entsprechend angepasst werden. Das Zimmer wurde durch einen schützenden, ca. 1,50 m hohen Raumteiler in einen einsehbaren und »verborgenen« Bereich geteilt. Der »verborgene« Bereich war durch Kissen so gestaltet, dass sich Stefan dorthin zurückziehen konnte, wenn ein*e Mitarbeiter*in sein Zimmer betreten musste, etwa um eine Mahlzeit, Wäsche oder Pflegemittel zu bringen. Dieses »Refugium« bildete gewissermaßen die Basis eines »sicheren Ortes«, zu dem sein Zimmer nach und nach für ihn wurde und ihm ein Aneignen von Welt erlaubte.

Bis zur Schaffung eines eigenen, unmittelbar vom Zimmer erreichbaren Sanitärbereiches versorgte sich Stefan bei der Körperpflege vollkommen selbstständig. Dazu zählte auch der Wechsel von Inkontinenzmaterial.

Selbstbestimmtes Anlegen eines Bauchgurtes, um Nähe auszuhalten

Das Zimmer konnte nur von sehr wenigen, Stefan vertrauten Personen betreten werden. Zuvor war es notwendig – und natürlich ohnehin selbstverständlich –, an seine Tür zu klopfen und zu fragen, ob man eintreten dürfe. Antwortete Stefan auf die Anfrage nicht, bedeutete dies, dass er im »Kontaktabbruch« war und ein Betreten des Zimmers nicht möglich war, ohne seine Grenzen zu überschreiten und sich selbst zu gefährden. Antwortete er, dass man hereinkommen könne, hatte er sich in den »verborgenen« Bereich zurückgezogen. Dies machte es möglich, ihm sein Essen auf seinen Tisch zu stellen oder andere Dinge im Zimmer zu erledigen, ohne ihn durch die eigene Anwesenheit zu bedrängen. Wenn allerdings ein direkter Kontakt oder gar körpernahe Assistenzen unumgänglich waren, etwa bei der pflegerischen Versorgung, war es ganz wichtig, ihm dies vor dem Betreten mitzuteilen. War dieser Kontakt Stefan grundsätzlich möglich, bat er um einen Moment Zeit und rief danach »fertig«. Dies bedeutete, dass Stefan einen Bauchgurt nutzte, sich selbst am Bett zu fixieren, um sich und vor allem sein Gegenüber vor einem möglichen aggressiven Abwehrimpuls, etwa Treten mit dem Bein, zu schützen. Dieser Bauchgurt wurde vollkommen selbstbestimmt von ihm benutzt. Wie eingangs bereits beschrieben, hatte Stefan in seiner bisherigen Biographie nachwirkende und sehr problematische Erfahrungen als Objekt absoluter Fremdbestimmung bei einer Fixierung durch Andere gemacht.

Er nutzte den Bauchgurt, um sich selbst »Halt« zu geben. Auf der Suche nach Möglichkeiten des Schutzes und der Sicherheit für Mitarbeitende und ihn selbst erinnerten wir uns an eine andere Begleitungssituation eines Jugendlichen mit herausfordernden Verhaltensweisen. So entstand der Gedanke, ihm einen Bauchgurt zur Eigennutzung anzubieten, was er sehr rasch aufgriff.

Der Halt im Wortsinn, den Stefan durch den Gurt verspürte, ermöglichte der vertrauten Person fast immer Kontakte ohne aggressive Impulsdurchbrüche. Relativ rasch konnte er im Alltag auf diese »Eigensicherung« verzichten. Nur in besonderen Anspannungssituationen griff er auf diesen »Halt« zurück. So blieb der Bauchgurt bei den regelmäßigen Besuchen seiner Mutter wichtig. Und das nicht nur im Hinblick auf ihre Person, sondern auch auf die für ihn weniger einschätzbare Beziehungssituation mit seinen professionellen Begleiter*innen während der veränderten Dynamik im Verlauf dieser Besuche.

Da das Zimmer allerdings nicht über eine Dusche verfügte, blieb der regelmäßige Gang zum Duschen sehr lange ein schwieriges Unterfangen. Es war notwendig, dass er von zwei ihm vertrauten Mitarbeitenden begleitet wurde und auf dem Weg zur Dusche sichergestellt war, dass keine andere Person sich hier aufhielt oder ihm gar begegnete. Dabei war es notwendig, wie bei allen körpernahen Verrichtungen (etwa »Nachbürsten« der Zähne oder ärztliche Untersuchungen in seinem Zimmer), dass die Hände von Stefan auf seinem Rücken mit Handfixierungen gesichert wurden. Diese Maßnahme hat Stefan nicht nur akzeptiert, sondern auch selbst darauf geachtet, dass diese ausgeführt wird. Bei vertrauten und zuvor ausreichend besprochenen Verrichtungen reichte schließlich bereits eine Maisdecke, die er auf seine Beine legte und die sonst oft bei aggressiven Impulsen zur Verhinderung von Kniestößen eingesetzt wurde.

Als mit Erreichen seines 18. Lebensjahres ein Antrag auf Genehmigung der FEM gestellt wurde, berichtete Stefan dem Richter, dass er diese Sicherungsmaßnahmen ausdrücklich wünsche und benötige, so dass bei ihm die ergriffenen Maßnahmen nie genehmigt werden mussten.

Das Beschränken auf diese Struktur hätte zwar eine Betreuung ermöglicht, gleichzeitig aber eine massive Isolation mit nur wenigen Angeboten zur Aneignung von Welt und ein fast völliges Fehlen jeder Teilhabe an der Welt bedeutet.

Fenster zur Welt

Deshalb unternahm das Team einen weiteren Schritt. Eher zufällig war deutlich geworden, dass Stefan, geschützt durch ein zwischen ihm und einer anderen Person liegendes Fenster, sehr differenziert und interessiert kommunizieren konnte. Während eines Umbaus erhielt sein Zimmer ein Schiebefenster, das so klein war, dass niemand von außen in das Zimmer hätte einsteigen können. Dieses Fenster konnte Stefan, einem Kiosk nicht unähnlich, selbstständig öffnen und schließen. Von draußen, vor dem Fenster, war es immer besser möglich, Kontakt mit Stefan aufzunehmen. Wenn er zum Kontakt bereit war, kam er zum Fenster und schob es auf. So waren zunehmend (intensive und sehr interessante) Gespräche, schließlich auch der Hausunterricht der Schule und weiter der Austausch von Gegenständen über dieses Fenster möglich. Wenn ich zur Arbeit kam, konnte ich sehen, ob sein Fenster geschlossen oder offen war. Ein geschlossenes Fenster bedeutete, dass er zu einem Kontakt zu mir nicht in der Lage war, aus dem offenen Fenster rief er mich in der Regel zu sich. So verband uns bald ein morgendliches Ritual der Begrüßung und des Gesprächs über unterschiedlichste Themen, die ihn beschäftigten. Dieses Angebot wurde tatsächlich sein »Fenster zur Welt«:

Stefan unterhielt viele Besuchskontakte – ähnlich dem zu mir – über dieses Fenster. Es ermöglichte ihm aber auch, nachdem die Schulpflicht Jahre geruht hatte, wieder die Teilnahme am Unterricht, wenn auch in einer Einzel- und Teilzeitbeschulung. Der Rektor der zur Einrichtung gehörenden Förderschule begann damit, ihm über diese »Fensterpädagogik« Unterricht zu erteilen. Auch der spätere Wechsel zu einer anderen Lehrkraft der Förderschule war Stefan möglich. Schließlich durften die Lehrer*innen sein Zimmer betreten, wenn er sich in sein »Refugium« zurückgezogen hatte und konnten etwa über einen »beamer« mit ihm Unterrichtsinhalte in seiner Schutzecke besprechen. Einige andere Jugendliche aus der Einrichtung entwickelten teils länger anhaltende eigene Kontakte über das Fenster. Im Rahmen besonderer Veranstaltungen wurde das Fenster tatsächlich als Kiosk von Stefan genutzt. Dies setzte er in der Einrichtung für Erwachsene, in der er jetzt lebt, fort.

Schweigen als Herausforderung des »Aus-Haltens«

Nachdem Stefan zunächst mit den ihn begleitenden Menschen gesprochen hatte, verstummte er nach etwa einem Jahr gegenüber einigen wichtigen Bezugspersonen. Er sprach dann nur mit dem einem oder anderen von ihm »ausgewählten« Mitarbeitenden des Betreuungsteams. Mit für ihn weniger bedeutsamen Menschen, wie

Aushilfskräften oder mir selbst, unterhielt er sich weiterhin. Er beschränkte sein Schweigen auf die aktive Sprache. Ein schriftlicher Austausch war fast immer gegeben.

Diese Verweigerung der Kommunikation ist von einigen der ihn über Jahre begleitenden Mitarbeitenden als die größte Herausforderung erlebt worden – herausfordernder als das Bestehen auf Ritualen, auf genaueste Absprachen und andere Eigenheiten oder eben auch aggressiven Impulsen. Auch wenn sich dieses Verhalten fachlich als ein Versuch verstehen ließ, den Fortbestand der Beziehung zu überprüfen, so half diese Einsicht wenig gegen das aufkommende Gefühl, bestraft zu werden. Dies kann zu einer der Sollbruchstellen in der Begleitung von Menschen mit besonderen Persönlichkeitsmerkmalen werden. Und deshalb ist eine haltende Umwelt im eigenen Handlungsfeld von so großer Bedeutung.

Zu den besonderen Herausforderungen des Aus-Haltens zählt aber auch die Bereitschaft, neue Wege zu gehen und dazu immer einen »Vorschuss« an Vertrauen und Verantwortung zu geben.

Stefan waren auch kleinste Veränderungen nur möglich, wenn diese klar und oft in allen Einzelheiten vorweg besprochen wurden und er die Gewissheit gewann, dass ein Scheitern sich in keiner Weise bedrohlich oder gar enttäuschend für die weitere Beziehung zu ihm auswirkte. So wurde es ihm möglich, nicht nur eine kürzere Zeit im Esszimmer oder Garten seiner Wohngruppe mit anderen Anwesenden zu verbringen, sondern auch den »drive-in« einer Fast-Food-Kette zu besuchen oder »gesicherte« Spaziergänge bzw. »Ausfahrten« mit dem Rollfiets zu wagen.

Mit 22 Jahren zog Stefan in eine Einrichtung für erwachsene Menschen mit Behinderung und lebt dort in einer neu gegründeten Intensivgruppe, die sehr viele Anregungen und Erfahrungen aus seiner letzten Wohngruppe erfolgreich übernommen hat.

Begegnungen aus den letzten fünf Jahren ...

Mit der Gründung einer vollkommen neue Wohneinrichtung für Kinder und Jugendliche mit Behinderung, für die ich auch das (heil-)pädagogische Konzept schreiben durfte, ergab sich für mich vor einigen Jahren die Chance, noch einmal meine Überzeugungen und Haltungen in und durch die Praxis zu überprüfen. Von einigen der Erfahrungen mit diesem Konzept und Menschen, die in diesem Kinderhaus wohn(t)en, möchte ich im Folgenden berichten.

Das Konzept der »innerer Inklusion«

Die neue – mit 24 Wohnplätzen eher kleine – Einrichtung versteht sich vorrangig als (vorübergehendes) Unterstützungsangebot für betroffene Familien. Auch während der Betreuung der Kinder und Jugendlichen in der Einrichtung soll die Verantwortung möglichst gemeinsam mit den Familien geteilt werden. Das benötigt die räumliche Nähe und eine stabile Beziehung zur Familie, die während des Aufenthalts in der Einrichtung durch nicht begrenzte Besuchszeiten und ebenso regelmäßige Aufenthalte des Kindes in seiner Familie, etwa an Wochenenden oder in den Ferien, unterstützt werden. Die mögliche Rückkehr des Kindes nach Hause, die in vielen Fällen allerdings gar nicht mehr stattfindet, bleibt dabei im Blick.

Dabei versteht sich das Angebot als grundsätzlich offen für alle Familien mit einem Unterstützungsbedarf, die ein familiennahes Wohnen ihres Kindes wünschen – unabhängig von Art oder Schwere der Behinderung. Konkret bedeutet das, dass Familien nicht aufgrund des Pflegebedarfs oder Verhaltensbesonderheiten ihres Kindes vom Angebot ausgeschlossen sind. Dies führt dazu, dass eine im Vergleich zu anderen quartiersnahen Angeboten sehr hohe Zahl umfassend pflegebedürftiger oder auffälliger Kinder und Jugendlicher in der Einrichtung Aufnahme findet.

Die Einrichtung verfügt über keine Intensivgruppe und sieht dies auch konzeptionell nicht vor. Die drei Wohngruppen mit je acht Kindern und Jugendlichen sind hinsichtlich des Geschlechts, Alters und Unterstützungsbedarfs gemischt zusammengesetzt. Dies bedeutet, dass Mitarbeitende sowohl umfassende pflegerische und lebenspraktische Hilfestellung bei schwer mehrfach behinderten Kindern, die etwa auf einen Rollstuhl angewiesen sind, geben als auch sich um Jugendliche kümmern, die herausfordernde Verhaltensweisen zeigen, oder (relativ) selbstständige junge Bewohner*innen bei der Gestaltung ihres unmittelbaren Wohnumfeldes und Teilhabe im sozialen Umfeld unterstützen. Dies soll dazu beitragen, gerade den drohenden Mangel an Anregungssituationen in »Pflegegruppen« aufzuheben und Menschen mit hohem Unterstützungsbedarf nicht auf pflegerische Versorgung im Begleitungsalltag zu begrenzen, sondern an der Lebhaftigkeit einer Wohngruppe teilhaben zu lassen. In gleicher Weise soll dies Bewohner*innen mit besonderem Unterstützungsbedarf hinsichtlich ihrer sozialen Kompetenzen zu Gute kommen. Die Mischung hinsichtlich des Alters erfolgt weniger im Hinblick auf den unterschiedlichen Entwicklungsstand der einzelnen Kinder und Jugendlichen; sie dient vielmehr der Schaffung eines »sicheren Ortes«, an dem die Kinder und Jugendlichen nach dem (teilweisen) Wegfall der Sicherheit ihrer Herkunftsfamilie möglichst lange verweilen können, wenn ihnen diese gut tut, ohne nach jeweils wenigen Jahren aufgrund von Strukturvorgaben in eine Schüler*innen- oder Jugendlichengruppe wechseln zu müssen.

Lassen Sie mich gleich Folgendes vorwegnehmen: Diesem sehr hohen Anspruch konnte in der Praxis nicht immer entsprochen werden. Die Umsetzung in der Praxis war schwieriger, als von mir bei der Konzepterstellung erwartet. Sie hat sich aber in der nachherigen Bewertung als weit erfolgreicher erwiesen, als ich in mancher schwierigen Situation befürchtet habe.

»Wie haben dies die Bewohner*innen und Mitarbeiter*innen erlebt?«

In den 10 Jahren meiner Verantwortung für die kleine, familiennahe Einrichtung waren insgesamt ca. 65 Kinder und Jugendliche unterschiedlich lange Bewohner*innen der Einrichtung. Zentral war dabei, dass das Konzept eine ausgeprägte

Familienorientierung und auch die mögliche Rückkehr der jungen Bewohner*innen in ihre Familien nach einer beiderseitigen »Stabilisierungsphase« vorsieht. Diese Rückkehr kann auf Wunsch der Familie von der zum Angebotsverbund gehörenden Beratungsstelle für Familien mit Kindern mit Behinderung begleitet werden. Ca. 15 Kinder und Jugendliche sind so nach einer Zeit der außerfamiliären Betreuung in ihre Familien zurückgekehrt. Etwa ein Drittel aller Kinder und Jugendlichen, die in der Einrichtung gelebt haben, zeigte neben einer geistigen Behinderung in einem erheblichen Maß auch herausfordernde Verhaltensweisen. Das hatte zur Folge, dass sie aufgrund ihrer Verhaltensweisen die jeweilige Förderschule für geistige Entwicklung nicht ohne eine*n Integrationsassistent*in besuchen konnten. Gleichwohl fand der Schulbesuch von 12 dieser Einrichtungsbewohner*innen nur stundenweise statt (In einem Gespräch mit einer Förderschullehrerin erfuhr ich, dass diese die gesamte Einrichtung für eine »Intensiveinrichtung« hielt ...). Bei diesen insgesamt mehr als 20 Kindern und Jugendlichen hat sich nach unserer Beobachtung die gemischte Struktur der Wohngruppen und der sichere Fortbestand des Kontaktes zu den Eltern (bei mehr als 90 %) als sehr förderlich für ihre Entwicklung erwiesen.

Ganz besonders bedeutsam war aber eine Haltung der jeweiligen begleitenden Fachkräfte, die sich an der Frage orientierte »Was braucht das Kind/der Jugendliche?« und die Grundbotschaft beinhaltete »Ich halte Dich und Dein Verhalten aus«. Diese scheinbar so einfachen Grundorientierungen stellen eine ungemeine Herausforderung an die eigene (heil-)pädagogische Haltung dar. Immer wieder wird in der konkreten Begegnung eine persönliche Infragestellung oder gar Ablehnung erlebt (»... das tut sie absichtlich ...«, »... er nutzt das doch nur aus ...«). Immer wieder geht es in den Reflexionen zu bestimmten pädagogischen Situationen darum, ob »Aus-Halten« bedeutet, alles hinzunehmen, der*m Anderen alles »durchgehen zu lassen« und sich selbst als wirkungslos zu erleben. Es braucht eine längere Zeit, vor allem aber Unterstützung durch Beratung und Leitung, um Beschimpfungen, Angriffe, die Nichteinhaltung von Absprachen und Regeln nicht als »Niederlage« und »Wirkungslosigkeit« zu verstehen, sondern aktiv und unterstützend damit umzugehen. Das bedeutet »Ich kann Dich nicht zwingen, meine Angebote anzunehmen oder mit mir zu kommunizieren. Du kannst mich aber nicht *nicht* wahrnehmen«.

Diese grundsätzliche Erfahrung von Stärke anstatt von Macht, die es mir ermöglicht, nach Gemeinsamkeiten zu suchen statt nach Sanktionen, ist im Alltag immer wieder von den Mitarbeitenden bestätigt worden, zuletzt beim Erfahrungsaustausch aus Anlass des 10-jährigen Bestehens der Einrichtung. Die ganz überwiegende Mehrzahl der Mitarbeitenden fand dieses Konzept erfolgreich und sprach sich unbedingt für eine Fortsetzung aus. Sie betonten aber auch, dass sie einzelne Bewohner*innen erlebt hätten und erleben, die ein besonderes Setting benötigen würden, um weiterhin in diesem System gut aufgehoben zu sein. Über einige dieser Menschen berichte ich näher in diesem Kapitel.

Diese Einschätzung der Mitarbeitenden bezog sich übrigens nicht allein auf die Kinder und Jugendlichen mit besonderen Verhaltensweisen, sondern ganz wesentlich auf die »übrigen« jungen Mitbewohner*innen, gerade auch jene mit sehr schweren und mehrfachen Behinderungen. Auch in Bezug auf diese, oft besonders auf Schutz angewiesene Gruppe von Menschen bestand übereinstimmend die Überzeugung, dass die Mehrheit dieser Kinder und Jugendlichen von der gemischten

Wohnform deutlich profitiert hätte. Aber auch hier gab es einzelne Menschen, für die die Lautstärke, Lebhaftigkeit, Dynamik der Wohngruppe, aber auch die Sorge vor Übergriffen, möglicherweise mehr Einschränkungen als Qualitätsgewinn in ihrer Lebensgestaltung bedeutet haben könnten.

»Was sagen die Eltern dazu?«

Da die Einrichtung ein Angebot für Kinder und Jugendliche ist, ist es naheliegend, dass vor allem den Eltern der jungen Bewohner*innen eine besondere Rolle zukommt. Natürlich gab es in all den Jahren immer wieder Diskussionen mit und Erläuterungsbedarf gegenüber Eltern von Kindern mit schweren Behinderungen, sorgten diese sich doch besonders um den Schutz ihrer Kinder und Sicherheit vor Übergriffen durch Andere.

Einer solchen berechtigten Sorge kann nur damit begegnet werden, dass zur Vermeidung von Übergriffen im praktischen Alltag entsprechende Rahmenbedingungen geschaffen und Lösungen gefunden werden und Mitarbeitende sich gestärkt fühlen, den Begleitungsauftrag auf jede*n Bewohner*in hin umzusetzen.

Unverzichtbar ist aber zudem eine unbedingte und stete Bereitschaft zum Austausch und die Schaffung einer Gesprächskultur, die es ermöglicht, Ängste, Unzufriedenheit und manchmal auch Wut zu artikulieren. Das ist mitunter sehr anstrengend, aber auch das einzig zur Verfügung stehende Mittel. Die Eltern einer jungen Frau mit einer sehr schweren progressiven Erkrankung, die während ihres Wohnens in der Einrichtung verstarb, haben es später einmal so beschrieben: »Die Zeit unserer Tochter in der Einrichtung war eine für N.N. und uns richtig gute Zeit. Es lag mitnichten daran, dass wir nichts zu kritisieren gehabt hätten und dass immer alles nach unseren Vorstellungen und Wünschen für unsere Tochter entschieden und vor allem auch umgesetzt worden wäre. Aber es gab für jedes Problem eine offene Gesprächsbereitschaft und stets das Gefühl von Empathie und ein ernsthaftes Bemühen, nach einer gemeinsamen Lösung zu suchen. Wir haben diese Lösung nicht immer gefunden, aber das war nicht so bedeutend wie das Grundgefühl von gleicher Augenhöhe und Ernstgenommen Werden.« Es gab im Elternbeirat der Einrichtung häufiger heftige Diskussionen, ob ein*e bestimmte*r Mitbewohner*in noch tragbar sei. Es gab aber immer Lösungen, und keine Familie hat ihr Kind deswegen aus der Einrichtung herausgenommen.

Eine mich sehr beeindruckende Erfahrung durfte ich mit den Eltern eines Jungen machen, der sehr schwer mehrfach behindert und umfassend auf einen Rollstuhl angewiesen war. Der Junge war nach der Eröffnung der Einrichtung auf Wunsch der Eltern aus einer anderen Pflegeeinrichtung in das neue Angebot umgezogen. Gründe hierfür waren neben der Nähe zur Familie die Hoffnung auf eine deutlich größere Teilhabe über eine rein pflegerische Versorgung hinaus. In diese neue Wohngruppe kam dann ebenfalls einer der im nachfolgenden kurz vorgestellten Jugendlichen mit einer sehr ausgeprägten Autismus-Spektrum-Störung (ASS). Neben anderem schienen auf den Mitbewohner Rollstühle eine besondere Faszination auszuüben. Er war immer darauf aus zu überprüfen, ob er etwa einen Rollstuhl umwerfen könne. Dieses Verhalten und die damit verbundene Gefährdung des betroffenen Jungen im Rollstuhl war uns bewusst. Mit einer Reihe von Maßnahmen (ständige, ausnahmslose Einzelbegleitung des potentiell übergriffigen Jugendlichen, Mindestabstände zum Rollstuhl, keine Begegnungen in räumlich beengten Situationen wie dem Flur, zeitversetztes Betreten oder Verlassen des Esszimmers und Teilnahme an den Mahlzeiten oder Freizeitangeboten nur auf der jeweils gegenüberliegenden Tischseite, etc.) wurde versucht, die Gefahr eines Übergriffs zu verringern.

Gleichwohl kam es in den mehreren Jahren des Zusammenlebens der beiden jungen Männer zu mehreren (versuchten) Übergriffen. Eine Besprechung der möglichen Folgen eines Übergriffs mit dem Jugendlichen mit ASS schien uns nicht möglich. Ebenso schwer war es abzuschätzen, wie die Erfahrung des »Ausgesetzt-Seins« auf den anderen Jugendlichen gewirkt hatte. Im Gespräch mit den Eltern nach dem ersten dieser Übergriffe wünschten diese, dass der »Angreifer« umgehend in eine andere Wohngruppe umziehen sollte. Eine für mich emotional nachvollziehbare Forderung. Gleichwohl wäre eine weitere, sich in kleinen Schritten vollziehende Teilhabe des Jugendlichen mit ASS weit zurückgeworfen worden. Möglicherweise wäre in einer anderen Wohngruppe nur eine nächste, neue Problematik mit einem*r anderen Mitbewohner*in aufgetreten. Ich erläuterte den Eltern meine Überlegungen und bot ihnen an, dass natürlich ihr Sohn, wenn sie dies wünschten, umgehend in eine andere Wohngruppe umziehen könnte.

Den Eltern gelang es, meine Überlegungen – trotz ihrer Betroffenheit – nachzuvollziehen. Wir einigten uns darauf, dass sie mir innerhalb einer Woche ihre Entscheidung mitteilen würden. Nach der vereinbarten Zeit teilte mir der Vater mit, dass seine Frau und er sich entschieden hätten, ihren Sohn in der Wohngruppe zu belassen, da der bislang erzielte Gewinn an Teilhabe und Lebensqualität für sie überwiegen würde. Mir war sehr bewusst, dass diese Entscheidung, wie bei prinzipiell nicht aufhebbaren Krisen, nicht Ergebnis einer freien Wahl, sondern eher ein sich Fügen in das geringere Übel darstellte. Gleichwohl war es eine Möglichkeit, den Eltern zu zeigen, dass wir ihre Not ernst nahmen und ihnen mit Ernsthaftigkeit und Wertschätzung begegneten.

Diese Entscheidung der Eltern wurde, allen Vorsichtsmaßnahmen zum Trotz, in den folgenden Jahren noch weitere Male auf die Probe gestellt. Die Eltern blieben jedes Mal erneut bei Ihrer Entscheidung. Beim Umzug ihres inzwischen erwachsen gewordenen Sohnes sprachen sie noch einmal darüber, welche Sorgen sie in Bezug auf diese Gruppenstruktur gehabt hätten, aber vor allem darüber, wie sehr ihr Sohn aus ihrer Sicht vom Leben in eben einer solchen heterogenen Wohnstruktur profitiert habe.

Nach 10 Jahren Erfahrung bleiben folgende drei Erkenntnisse: Bei insgesamt 65 Bewohner*innen war das Betreuungssetting in drei Fällen überfordert. Gründe hierfür waren m. E. eine von mir zu spät ermöglichte angst- und übergriffreie Betreuungssituation sowie die Nichteinstellung vereinbarten zusätzlichen Betreuungspersonals durch den Kostenträger. Gleichwohl bedeutet dies, dass eine erhebliche Anzahl von betroffenen Menschen in einem offenen, teilhabeorientierten Angebot weiterleben konnten, die ohne diesen grundsätzlichen Ansatz möglicherweise in Intensivgruppen hätten aufgenommen werden müssen.

Das Zusammenleben von Menschen ist immer auch geprägt von Konflikten, gerade in institutionellen Gruppen. Wenn Menschen mit sehr unterschiedlichen

Unterstützungsbedarfen zusammenleben, gilt dies in gleicher, ja in intensiverer Weise. Eine große Herausforderung stellt durchgängig der Schutz und die Sicherheit gerade schwerer behinderter Kinder und Jugendlicher vor Übergriffen oder Verletzungen dar. Dies macht eine sehr aufmerksame und hoch konzentrierte Begleitung durch Mitarbeiter*innen während ihrer gesamten Dienstzeit unerlässlich. M. E. ist es wichtig, eine Streitkultur zu etablieren, die eine Auseinandersetzung über Grenzen des Betreuungsauftrages ermöglicht. Ich habe zu dieser Fragestellung in unzähligen Teamsitzungen gesessen und nicht immer war es möglich, gute Lösungen für alle Betroffenen zu finden. Einer der Leitsätze der Einrichtung, eine Atmosphäre zu schaffen, die frei ist von jeder Form von Gewalt, war im Alltag nicht immer einzulösen. In der Auswertung der Erfahrungen aus den ersten 10 Jahren ist von Mitarbeitenden, die den Ansatz voll und ganz stützten und ihn durch ihre Haltung erst ermöglicht haben, vor allem ein schwer behinderter – inzwischen – junger Mann benannt worden, dessen Teilhabemöglichkeiten aufgrund von häufig notwendigem Schutz vor Übergriffen doch sehr oft begrenzt wurden.

»Das mag ja bei Kindern noch angehen, aber ...«

Viele Kolleg*innen aus dem Bereich des Wohnens von Kindern und Jugendlichen mit Behinderung haben eher skeptisch auf den Versuch reagiert, Kinder mit so unterschiedlichem Hilfebedarf in ein gemeinsames Wohnangebot aufzunehmen. Als gar nicht übertragbar wird dieser Ansatz aber auf die Wohnangebote für erwachsene Menschen mit Intelligenzminderung angesehen. Ich will darauf hier nicht weiter eingehen, denn wo es um den Aspekt des »Aus-Haltens geht, ist das eher ein Randthema. Ich möchte hier eher den Mythos hinterfragen, dass die Arbeit mit Kindern die eher »einfachere« Arbeit in der Behindertenhilfe darstelle.

Mit der Arbeit mit »Kindern« verbinden wir assoziativ die Begriffe »Freude« und »Spiel«, eine bunte, fröhliche Welt, die uns aus den Spots der »Aktion Mensch« hinlänglich bekannt ist. Dieser Mythos scheint so fest in unserer Vorstellungswelt verankert, dass auch viele angehende Heilerziehungspfleger*innen und Heilpädagog*innen mit diesem Bild vor Augen in erste Praktika gehen. Erste realistische Erfahrungen im Praktikum in einer Einrichtung (wie ich Sie oben geschildert habe) führen dann sehr schnell zur ernüchterten Entscheidung, auf keinen Fall in diesem Bereich tätig werden zu wollen. Dabei ist es in keiner Weise hilfreich, Arbeitsbereiche nach der vermeintlichen »Schwere« gewichten zu wollen. Die Lautstärke und permanente Impulsdynamik, verbunden mit einer unbedingt notwendigen aktiven »Gehstruktur«, macht die Tätigkeit bei den von mir geschilderten Kindern und Jugendlichen in keiner Weise »leichter« als die im Erwachsenenbereich. Dazu gehören z. B. auch (sexuelle) Gewalterfahrungen durch 17-jährige Jugendliche. Ich stelle bei den zahlreichen Beratungen in Einrichtungen für erwachsene Menschen keine grundsätzlichen Unterschiede fest hinsichtlich der Belastungssituation für die dort tätigen Mitarbeitenden. Dies bestätigen mir auch Gespräche mit ehemaligen Mitarbeiter*innen, die jetzt in einem Erwachsenbereich tätig sind.

Ich habe oben durchaus selbstkritisch angemerkt, dass die »inklusive« Begleitung von Menschen mit Intelligenzminderung und sehr unterschiedlichem Unterstützungsbedarf in der Praxis sich nicht in allen Fällen als erfolgreich oder gewinnbringend für die betroffenen Menschen und/oder ihre Mitbewohner*innen erwiesen hat. Trotzdem hat sich bei mir die Gewissheit verstärkt, dass wir viel zu oft unhinterfragt Exklusion anstelle des Mutes zur Inklusion setzen, gerade wenn wir Menschen mit herausfordernden Verhaltensweisen vor uns haben.

Ich bin überzeugt, dass es auch innerhalb der Zielgruppe von erwachsenen Menschen mit Intelligenzminderung und herausforderndem Verhalten viele gibt, für die offene gemischte Wohngruppen mit einer hohen Lebensqualität einhergehen könnten, mit allen Möglichkeiten des Lernens am Modell und einem größeren Maß an Selbstbestimmung durch Teilhabe und Partizipation.

Vitali – Bedeutung grundsätzlicher Teilhabe

Als wir die Kindereinrichtung im Ruhrgebiet vor über einem Jahrzehnt, 2008, eröffnet haben, gab es von einer sehr engagierten, aber auch völlig erschöpften Mutter die Anfrage zur Aufnahme eines damals 12-jährigen Jungen mit sehr ausgeprägter Autismus-Spektrum-Störung (ASS). Nachdem sie über 10 Jahre die Begleitung ihres Sohnes wesentlich alleine bewältigt hatte, suchte sie die Hilfe einer Wohneinrichtung. Eine erste Aufnahme in ein auf Menschen mit ASS spezialisiertes Wohnangebot war nach 3 (!) Tagen gescheitert, und Vitali musste von seiner Familie abgeholt werden, zusammen mit einer Rechnung über die in dieser Zeit von ihm zerstörten Gegenstände. Die Familie fragte in zahlreichen Einrichtungen ohne Erfolg nach und wurde schließlich von einer ehemaligen Mitarbeiterin an mich und die neu entstehende Einrichtung im Ruhrgebiet verwiesen. Ich schlug vor, Vitali in seiner gewohnten Umgebung kennenzulernen. Vitali wirkte deutlich älter und kräftiger als 12 Jahre. Er wurde bereits seit mehreren Jahren nicht mehr beschult und ausschließlich zu Hause betreut. Seine herausfordernden Verhaltensweisen zeigten sich in ständiger Unruhe, starken Destruktionen und aggressiven Übergriffen, vorrangig durch Schlagen. Im Haus der Familie gab es keine unversehrten Türen – weder Schrank- noch Zimmertüren – und keine unbeschädigten elektrischen Geräte mehr. Nachdem die Mutter fast 11 Jahre lang mit Vitali in einem Bett geschlafen hatte, hatte sie sich ein Jahr zuvor durchgerungen, für Vitali ein Stahlbett mit einem Gurtsystem anzuschaffen.

Vitali zog in eine der drei Wohngruppen der Einrichtung. Die mit dem Kostenträger vereinbarten besonderen Betreuungsbedingungen (er »belegte« sozusagen 2 Plätze) machten es möglich, für ihn im Grunde ein eigenes Betreuungsteam innerhalb einer »normalen« Wohngruppe einzurichten. Dadurch entstand die Möglichkeit, dass Vitali je nach Bedarf und Verfassung sowohl 24 Stunden einzeln und allein betreut werden konnte, aber ebenso an so vielen Angeboten und Aktivitäten »seiner« Wohngruppe teilnehmen konnte, wie es ihm möglich war. Die Wohngruppe sah Vitali als ihren Mitbewohner an, nicht als Gast oder »Untermieter«.

Der Wechsel in der Betreuung zwischen den Teammitgliedern förderte zugleich einen engen Austausch im Team. Dies erleichterte die Begleitung von Vitali. Gerade in Krisenzeiten ist eine solche Aufgabe über längere Zeit für eine*n Mitarbeiter*in allein oft schon rein physisch, aber auch psychisch kaum leistbar.

Bei Vitali entschlossen wir uns, ein eigenes »Vitali-Team im Team« einzurichten. Fünf Mitarbeitende (2 Frauen und 3 Männer) begleiteten ausschließlich Vitali in den folgenden Jahren bis zu seinem Auszug in eine Erwachseneneinrichtung.

Diese intensive Ausrichtung der Mitglieder dieses Betreuungsteam auf eine Person stellte eine besondere Form des »Aus-Haltens« dar. Die 1:1-Begleitung stellt eine extreme Anforderung an die Balance von Nähe und Distanz, Agieren und Re-Agieren sowie Zulassen von Freiraum und Begrenzung dar. In der Praxis wird deutlich, dass das häufig gewünschte Angebot einer »1:1-Betreuung«, auch nach der Bereitstellung entsprechender personeller Ressourcen, nicht einfach zu realisieren ist, Nicht nur für den*die begleitende*n Mitarbeiter*in, sondern ebenso für den*die Betroffene*n stellt das Aushalten solch ständiger Nähe eine extreme Anforderung dar.

Für den Mitarbeitenden scheint es daher, neben regelmäßigem Austausch, Beratung und Supervision, hilfreich, zwischen mehreren Betreuungsszenarien wählen zu können, um dieses besondere Begleitungssetting als (heil-)pädagogisch aktive Intervention wirksam zu nutzen. Zum einen – wie bei Vitali – kann das bedeuten, dass ich mich für einen begrenzten Zeitraum zur Übernahme einer solchen Begleitungsaufgabe bereit erkläre. Förderlich ist es, auch im Sinne der Leitungsfürsorge, wenn diese Aufgabe automatisch beendet wird, sobald der verabredete Abschluss der Aufgabe erreicht ist. Es scheint mir wichtig, dass der*die Mitarbeiter*in nicht aktiv eine Beendigung einfordern muss. Hingegen ist es ihr*ihm unbenommen, aktiv einen Antrag auf Verlängerung des Auftrages zu beantragen.

Je nach Situation kann es auch sinnvoll sein, die Möglichkeiten zur Verlängerung zu begrenzen. Eine zweite Möglichkeit stellt die Verteilung des zusätzlichen Personalbedarfs auf mehrere Teammitglieder dar, die sich bei der Wahrnehmung dieser Aufgabe – und des übrigen »Regelauftrages« – abwechseln. Dieser Wechsel kann in individuell sinnvollen Rhythmen von täglich bis monatlich stattfinden und so das Tätigwerden in zwei unterschiedlichen Aufgabenbereichen umfassen.

Dieses Modell wurde bei einem anderen Bewohner der Einrichtung mit einer vergleichbaren 1:1-Betreuung angewandt. Alle Mitglieder des Teams (mit zwei Ausnahmen) erklärten sich bereit, im Rahmen ihrer Dienste auch die Begleitung des betroffenen Jugendlichen zu übernehmen. Diese Möglichkeit, in unterschiedlichen Aufgabenkonstellationen wirksam sein zu können, erleichtert eine positive Stärkung des »Aus-haltens« in der praktischen Begleitung.

Was bedeutete dieser Rahmen nun für Vitali?

Von Anfang an gelangen vor allem die gemeinsamen Essenssituationen, und langsam kamen immer weitere gemeinsame Situationen hinzu, so dass Vitali immer weniger Zeit in seinem »Lebensbereich« verbrachte und auch verbringen wollte und auf diese Weise zunehmend ein Mitglied der Wohngruppe wurde. Wichtig war für uns, Vitalis Individualität hinsichtlich der Schlafsituation, seines Zimmers, seines Bedarfs an »Pausen«, seiner Tagesstruktur und seinen Ritualen anzunehmen, diese in den Alltag der Wohngruppe zu integrieren und gleichzeitig immer wieder neue Wege anzubieten. Im Laufe der Jahre wurde es möglich, dass Vitali wieder für 2 Stunden täglich (begleitet) die Schule besuchte und an immer mehr Gruppenaktivitäten teilnahm, wie Ausflügen oder gar einem Kinobesuch. Für mich besonders beeindruckend war, dass er zunehmend in Entscheidungsfindungen einbezogen werden konnte. Waren die ersten Schritte hier z. B. Entscheidungen zur Körperpflege oder bei der Auswahl des Essens, wurde es seinen Bezugspersonen am Ende der Begleitungszeit möglich, mit ihm (nonverbal) abzustimmen, ob er sich etwa einen Ausflug oder Kinobesuch aktuell zutraue. So nahmen die Momente von Teilhabe kontinuierlich zu – sei es, dass er für die Wohngruppe kochte oder an einem Kirmesbesuch teilnahm.

Vitali hat täglich gezeigt, wie sehr es sich lohnt, sich immer wieder auf die Überprüfung der Beziehung einzulassen, bereit zur Auseinandersetzung zu sein und einem Menschen über die eigene Haltung Halt zu geben.

Jenny – Die Bedeutung der Erfahrung, »ausgehalten« zu werden

Im zweiten Beispiel geht es um Jenny, einer beim Auszug 18-jährigen jungen Frau. Nach der Herausnahme aus ihrer Familie im Alter von 6 Jahren lebte sie in zwei Jugendhilfeeinrichtungen. Als sie 12 Jahre alt war, wurde festgestellt, dass sie »geistig behindert« sei. Sie wurde dann in unsere Einrichtung aufgenommen.

Sie lebte sechs Jahre in der Wohneinrichtung für Kinder. Von Anfang an forderte sie die Mitarbeitenden sowohl durch körperliche Gewalt (sie warf schon mal mit etwas, drohte mit dem Messer oder ohrfeigte auch …), vor allem jedoch durch verbale Eskalationen und stete Beziehungsüberprüfungen heraus.

Gut und genau beobachtend, fand sie sehr schnell die persönlichen Schwächen ihres Gegenübers und benutzte diese für Kränkungen. So ging sie in Anspannungssituationen ihre Betreuer*innen verbal aggressiv an, indem sie sehr gezielt deren vermeintlichen Schwächen – Aussehen, Kleidung, Herkunft, Familie oder Werte – heruntersetzte und verunglimpfte. Nach besonderen Aktivitäten mit ihr war weniger Dank als Beschimpfung zu erwarten. Dies galt verstärkt bei Mitarbeitenden, deren Beachtung und Zuwendung Jenny besonders wünschte. Je mehr Hoffnung sie in eine Beziehung legte, umso stärker wurde gleichzeitig die Angst vor neuerlichem Beziehungsverlust (»… wenn sie*er erst einmal erkennt, wie ich eigentlich bin, dann wird sie*er mich eh' fallen lassen …«). Dies führte zu einem dauernden Austesten der Beziehung durch sie.

In gleicher Weise hinderte sie ihr geringes Selbstbewusstsein, Aktivitäten nach außen zu entwickeln. Schule und Schulbesuch blieb ein durchgängig schwieriges Thema. Die Durchführung von Praktika, die mit sehr positiven Rückmeldungen der Einsatzstelle für sie in den ersten Tagen begannen, wurde von ihr schnell wieder abgebrochen. Grund war wahrscheinlich die vermeintliche Gewissheit, letztlich zu enttäuschen. Ihre Möglichkeiten der Beziehungsgestaltung und Aneignung von Welt waren damit in einem regelrechten Teufelskreis gefangen.

Die ständige Herausforderung unserer Werte und Normen, das Gefühl, dass Bedürfnisse anderer Menschen von ihr mit den Füßen getreten wurden oder Nähe nur bei eigenen Wünschen gesucht wurde und bei nicht umgehender Erfüllung unmittelbar in Aggression umschlagen konnte, stellten eine ganz besondere Herausforderung der Mitarbeitenden dar.

Immer wieder verführte Jenny dazu, ihr nicht als Unterstützer, sondern als vermeintliche*r Gegner*in zu begegnen (»Das lasse ich mir von Dir nicht bieten«, »Solange Du nicht freundlicher bittest, tue ich gar nichts für Dich«, »Erst sind jetzt auch mal die anderen Kinder dran …«, etc.). Hinzu kam, dass bei allem Wissen um den emotionalen Entwicklungsstand von Jenny doch eine gefühlte andere Wahrheit in uns wirkte. Diese andere Wahrheit beeinflusst unser Bild des betroffenen Menschen auch in anderen Fällen: Im Gegensatz zu herausfordernden Bewohner*innen mit einer schweren geistigen Behinderung gab Jenny ihrem Gegenüber immer wieder ein Gefühl, dass sie »das doch extra macht« oder dass »sie doch genau weiß, was sie tut«. Die damit unterstellte Absicht und deren negative moralische Bewertung erschwerten die Einnahme einer Unterstützer*innen-Rolle.

Damit lief Jenny Gefahr, in ihrem Teufelskreis aus dem übermächtigen Wunsch nach Nähe und vorbehaltlosem Angenommensein wie ein Kleinkind – und der aus dieser Überforderung ja fast sicher resultierenden Enttäuschung – gefangen zu bleiben und mögliche »neue Wege« kaum wahrnehmen oder gar wagen zu können.

Gerade bei Jenny bedeutete dies, sich selbst und ihr täglich neu zu sagen »Ich halte es mit Dir aus«. Ein sehr mühseliges Unterfangen, das notwendig machte, die Beteiligten immer wieder neu zu unterstützen und zu motivieren. Ein von Jenny gewünschter Wechsel der Wohngruppe zeigte nur sehr kurzfristig eine positive Wirkung. Hilfreicher schien für sie der Umzug in ein eigenes Appartement, das ihrer Wohngruppe örtlich vorgelagert war. Ganz wesentlich war aber die Einrichtung eines »Jennys Sorgen- und Nöte-Ortes«. Dieser Ort wurde durch eine Mitarbeiterin und deren Büro gebildet. Die Mitarbeiterin war nicht in ihre unmittelbare Betreuung eingebunden. In schwierigen Situationen konnte Jenny diesen Ort aufsuchen, ohne Terminabsprachen oder andere Vorgaben. Die Mitarbeiterin hielt Jenny im Wortsinn aus. Jenny nutzte dieses Angebot sehr intensiv und verbrachte oft längere Zeit im Büro der Mitarbeiterin, auch wenn diese mit anderen Aufgaben beschäftigt war. Die Mitarbeiterin hatte die besondere Fähigkeit, Jenny anzunehmen und gleichzeitig auszuhalten, wie sie war. Damit schienen dieses Büro und die Mitarbeiterin für Jenny weit mehr ein »sicherer Ort«, als ihr eigenes Zimmer.

Sechs Jahre lebte sie in der Einrichtung – Ende letzten Jahres rief sie von einem Besuch bei ihrer Mutter auf ihrer Wohngruppe an und fragte: »Ich langweile mich. Kann ich nicht schon eher wieder *nach Hause* kommen …?« Zum ersten Mal nannte sie nach fast sechs Jahren die Wohneinrichtung ihr »Zuhause«. Wir haben das so gedeutet, dass die Einrichtung und ihre Menschen ein klein wenig »sicherer Ort« für Jenny geworden waren, und uns sehr gefreut.

16 »Mit eigenen Worten …« Interviews mit Betroffenen

»Es gibt keinen privilegierten Einblick in die Erfahrungswelt eines anderen.« Das bedeutet, dass alle bisher getroffenen Aussagen, beschriebenen Wahrnehmungen und Wirkweisen immer aus dem Blickwinkel eines (vermeintlich) nahen Begleiters stammen. Das Buch wäre unvollkommen, wenn es nicht zumindest den Versuch machen würde, betroffene Menschen selbst zu Wort kommen zu lassen. Dieser Anspruch war nicht leicht umzusetzen. Viele der Menschen, um die es hier geht, verfügen nicht über aktive (Schrift-)Sprache. Sehr vielen Menschen, die mit ihrer Umgebung kommunizieren können, kann das Projekt nicht nahegebracht werden. Sie zu zitieren, wäre unlauter. Die betroffenen Menschen laufen damit erneut Gefahr, dass sie selbst nicht zu Wort kommen …

Ich hatte ursprünglich vor, mit drei Menschen ein Interview zu führen: Einer jungen Frau und den beiden jungen Männern, deren Interviews hier vorgestellt werden. Die junge Frau ist während der Entstehung des Buches gestorben.

Die beiden folgenden Interviews entstanden mit Menschen, die aufgrund ihrer herausfordernden Verhaltensweisen beide über lange Jahre freiheitsentziehende Maßnahmen erlebt haben bzw. bis heute erleben.

»Es war etwas schwer, über die nicht so schönen Zeiten zu sprechen« (Interview Stefan Kretschmer)

Eine Bemerkung vorab: Stefan fällt es manchmal schwer, mit Menschen Kontakt aufzunehmen und zu sprechen (vgl. »Begegnung mit Stefan«, oben). Begegnungen mit ihm sind in der Regel nur über sein Zimmerfenster möglich, um so von außen mit ihm zu kommunizieren. Wenn er keinen Kontakt wünscht oder zu sehr belastet ist, verschließt er das Fenster. Um ihm eine Belastung zu ersparen, hat sich seine Schwester bereit erklärt, das Interviewgespräch mit ihm zu führen. Stefan weiß, dass die Fragen vom Autor stammen. Die Schwester verwendete den von mir erstellten Fragebogen. Ich habe ihn nach dem Interview besucht.

Stellen Sie sich den Leser*innen einmal vor
Ich heiße Stefan Kretschmer, wohnte in Menden im Sauerland – da hatte ich ein eigenes Zimmer im Haus bei meinen Eltern. Ich bin 36 Jahre alt und wohne jetzt in Vreden.

Wie würden Sie sich beschreiben?
Ich bin groß, alt und dünn. Ich arbeite gerne und gehe gerne in den Rolli, damit ich Leute besuchen fahren kann. Ich kann auch draußen rumlaufen – mit Hand- und Fußgurten. Ich habe einen Freund, der Hubert heißt, und gerne Leute um mich herum. Wegen Corona skype ich jetzt viel. Ich habe hier auch zwei Freundinnen – Mareike und Yvonne. Ich interessiere mich sehr für meinen PC, besonders das Email-Programm. Ich bin nicht sehr geduldig.

Was waren gute Zeiten in ihrem Leben?/Was war der Grund für die guten Zeiten?
Als ich noch zu Hause geschlafen habe und da im Haus rumlaufen konnte.
Die Klassenfahrt nach Norderney mit Frau H.
Der Ausflug mit meinen Eltern und meiner Schwester zum Meddo-See.
Die Zeiten mit meinen Zivis – vor allem mit R. Der hat mit mir immer was Besonderes gemacht, tausend Fahrradtouren.
In Nordkirchen bin ich oft schwimmen gegangen.
»Urlaub ohne Koffer« und der »Freizeitbereich« in Vreden.

Und was waren schlechte Zeiten in Ihrem Leben? Was war der Grund für die schlechten Zeiten?
Zahnarztbesuche – ich habe unten keine Zähne mehr.
(Die kinder- und jugendpsychiatrische Klinik in V.) – die haben mir da einen Schlauch in die Nase gesteckt und meine Hände fixiert. Seitdem bin ich so, wie ich bin.
In Nordkirchen bin ich mal so ausgerastet, dass ich mein Fenster eingeschlagen habe und weggelaufen bin.
Zu Hause musste auch mal der Notarzt kommen, weil ich so schlimm ausgerastet bin und in der Schule habe ich mir mal den Kopf aufgeschlagen.

Wie ist es Ihnen in den »schlechten« Zeiten ergangen?
(In der kinder- und jugendpsychiatrischen Klinik in V.) traurig, weil ich nichts mehr machen konnte und nur auf dem Boden gelegen habe.
Nordkirchen/Notarzt zu Hause: da habe ich mich wütend und blöd gefühlt.

Was haben Sie sich damals gewünscht?
(In der kinder- und jugendpsychiatrischen Klinik in V.) dass ich sterbe – aber meine Familie hat mich da rausgeholt und ich konnte wieder nach Hause.
Aktion in Nordkirchen: Freiheit! Im Rolli fühle ich mich auch frei!
Aktion mit Notarzt zu Hause: dass ich nicht in die Psychiatrie kommen muss.

Aus heutiger Sicht gefragt: Was oder wer hat Ihnen in den schlechten Zeiten geholfen?
Der Bauchgurt/Handgurte.
Meine Familie und die Betreuer in Nordkirchen.

Was empfehlen Sie aus Ihrer heutigen Sicht den Mitarbeiter*innen
Dass sie mich unterstützen, zum Beispiel mit Rolli und Zähne putzen, und dass sie mich auch mal in Ruhe lassen.

Haben Sie noch einen Tipp für mich?
Eigentlich fällt mir da nichts ein. Ich habe keine Idee.

Wie ist es Ihnen mit dem Interview gegangen, wie fühlen Sie sich jetzt?
Ich fühle mich gut. Es war etwas schwer, über die nicht so schönen Zeiten zu sprechen. Ich freue mich auf das Buch!

»Ich hatte bestimmte Personen, die es mit mir aushielten und denen ich vertraute ...«. (Interview Roy Wiemken)

Vorbemerkung: Das Interview wurde aufgrund der Corona-Pandemie online geführt.

Stellen Sie sich den Leser*innen einmal vor
Mein Name ist Roy Wiemken, und ich habe gewohnt in der Kinderheilstätte Nordkirchen und der Heiner Bartelt war mein Chef. Ich bin 32 Jahre alt und arbeite als Gärtner in der Werkstatt und bin auf dem Weg zur eigenen Wohnung.

Wie würden Sie sich beschreiben?
Netter, lieber Kerl, quasi menschenfreundlich, der andere nett anspricht, ich bin nicht schüchtern und kann gut auf Andere zugehen.

Was waren gute Zeiten in Ihrem Leben?
Dass man, wenn es Stress gab, alles klären konnte. Auch dass es so Kindereinrichtungen gibt war nicht schlecht. Mit der Familie komme ich jetzt klar, das war früher nicht immer einfach, aber da habe ich viel raus gelernt. Jetzt bin ich erwachsen, raste weniger aus und merke, dass ich mein Leben selbst gestalten kann.
In O. und Nordkirchen hatte ich auch gute Zeiten, viele Kumpels, wir haben auch viel Quatsch gemacht, auch Schule war manchmal gut, aber arbeiten ist schon besser. Trotzdem fehlt mir die Zeit als Kind.

Und was waren schlechte Zeiten in Ihrem Leben?
Als ich noch viele Ausraster hatte, noch nicht so gut lesen konnte und dann mit dem Fixiergurt, dass es nicht sein müsste, aber in dieser Situation musste es sein, weil ich mich in die Ausrasterei reingesteigert habe.

Was war der Grund für die guten/schlechten Zeiten?
Die Ausraster waren das A und O, wenn ich länger nicht ausrastete, merkte ich selbst, dass die Leute netter zu mir waren, Den »Dickkopfschädel« habe ich genug gehabt.

Wie ist es Ihnen in den »schlechten« Zeiten ergangen? Was haben Sie sich damals gewünscht?
Ich hätte mir gewünscht, dass man den Fixiergurt nicht einsetzt. Das war nicht schön. Aber es gab keine andere Lösung.

Aus heutiger Sicht gefragt: Was oder wer hat Ihnen in den schlechten Zeiten geholfen?
Ich hatte bestimmte Personen, die es mit mir aushielten und denen ich vertraute, auch in den Ausrastzeiten. Ich hatte immer einen, der mir zuhörte, G., Jo., F.-J., H. Ju.. Aber auch in schlechten Zeiten gab es gute Zeiten, es war nicht schwarz und weiß.

Was empfehlen Sie aus Ihrer heutigen Sicht den Mitarbeiter*innen?
Erst einmal nachdenken, dann erst was tun. Sich nicht in jeder Situation sofort aufregen, erst den Kopf einschalten, aus Fehlern wird man bestraft.

Haben Sie noch einen Tipp für mich?
Reden hilft immer, es hilft zu erzählen, was die Probleme sind, und ausreden zu lassen, das gilt auch für die Mitarbeiter, man hat nämlich nie ausgelernt.

Wie ist es Ihnen mit dem Interview gegangen, wie fühlen Sie sich jetzt?
Mir geht es gut, das habe ich gern gemacht!

»... uns Professionelle aus-halten ...«

Anmerkungen zu den beiden Interviews:

In diesem kleinen Buch ist es wesentlich um das »Aus-Halten« als Ausdruck der eigenen heilpädagogischen Haltung und Handlung in der Begleitung von Menschen mit besonderem Unterstützungsbedarf gegangen.

Heinrich Greving hat in seinem Gastbeitrag (▶ Kap. 2) bereits darauf hingewiesen, dass »Aushalten in pädagogischen Prozessen immer eine bilaterale und ko-konstruktive Bedingung und Bedingtheit wechselseitiger Prozesse zwischen allen Beteiligten einer pädagogischen und erzieherischen Handlung (ist).«

Diese dialogische Beschaffenheit des »Aus-Haltens« benennen auch meine beiden Interviewpartner. Sie erinnern uns in den beiden Interviews noch einmal deutlich daran, dass es nicht allein wir Professionellen sind, die Menschen mit besonderen Persönlichkeiten »aushalten«. Es ist eine durchgängige Erfahrung der Betroffenen, dass sie der Einflussnahme auf die Gestaltung ihres Lebens und unseren Kommunikations- und Beziehungsversuchen immer wieder ausgesetzt sind. Die Bestimmung der eigenen Lebensgestaltung durch Andere ist in der Kindheits- und Jugendphase eine grundsätzliche Erfahrung aller Menschen. Mit dem Erwachsenwerden nimmt diese Fremdbestimmung zugunsten einer Emanzipation der eigenen Persönlichkeit in der Regel ab. Für viele der in diesem Buch vorgestellten Menschen, so auch für meine beiden Interviewpartner, bleibt diese Abhängigkeit von Anderen aber lebenslang bestehen. Damit wird das »Aushalten« der*des Begleiter*in ebenso eine Anforderung für den betroffenen Menschen.

Im Unterschied zu ihrem Gegenüber ist es für sie weitaus schwieriger, sich gegen diese Form der Begleitung zu entscheiden. Vielmehr scheinen sie oft unseren Überlegungen, Handlungen und Therapien ausgesetzt zu sein. In manchen Betreuungssettings gibt es daher für uns wahrnehmbar nur die beiden Alternativen, sich auf die Begleitung durch eine nicht frei gewählte Person einzulassen oder eine weitgehende Isolation zu erfahren. Die weitere Möglichkeit eines jeden Menschen, in eine schützende innere Distanz zu gehen, bleibt dabei aufgrund unseres nicht bestehenden Einblicks in das Erleben eines anderen Menschen ungewiss.

Wenn beide Interviewpartner von den traumatisierenden Erfahrungen der Fixierung sprechen, wenn einer der beiden während der dauerhaften Fixierung »Zwangsernährung« über sich hat ergehen lassen müssen, dann sind dies lebenslang prägende, zutiefst verstörende Erfahrungen, die sich als besonders extreme Handlungen der Fachleute aus einer langen Reihe von alltäglich und immer wieder erlebten Begrenzungen, Ablehnungen oder Unverständnis durch ihre Massivität nochmals abheben. Stefan Kretschmer war jahrelang vom Schulbesuch ausgeschlossen, obwohl er gerne lernen wollte. Der Grund war, dass er aus Angst vor seiner Umgebung dem Unterricht nur unter dem Schultisch folgen konnte, was mit dem Verständnis von Unterricht kollidierte.

Umso wesentlicher scheint die Erfahrung, auch dann »ausgehalten« zu werden, wenn es um Handlungen oder Impulse geht, die dem Gegenüber nicht immer verständlich scheinen (»Ich hatte immer einen, der mir zuhörte«, Roy Wiemken).

In der Praxis wünschen wir uns als betroffene Professionelle immer wieder eine sogenannte 1:1-Begleitung für bestimmte Menschen. Meist scheitert dies an den personellen Rahmenbedingungen. Wenn eine solche individuelle Betreuungssituation in der Praxis doch möglich wird, ist es wichtig, nicht allein die beschriebene besondere berufliche Anforderung einer stundenlangen Begleitung und Nähe zum betroffenen Menschen zu reflektieren. Vielmehr bedeutet diese Situation für den begleiteten Menschen, dass sich die*der Mitarbeitende zu seinem ständigen »Schatten« entwickelt. In fast allen Lebenssituationen und Gefühlslagen ist eine weitere, in der Regel nicht von mir gewählte Person, in meiner unmittelbaren Nähe, die Privatheit und Intimität über weite Teile des Tages aufhebt, und diese kann potentiell jederzeit in mein Handeln eingreifen.

Damit wird der »wechselseitige Prozess« (Heinrich Greving) nicht allein zu einer gegenseitigen Beziehungsgestaltung, sondern immer auch zu einem Spannungsfeld. In diesem Spannungsfeld bewegen sich beide Beteiligte. Ich kann dem betroffenen Menschen zwar die Möglichkeit geben, meine Beziehungs- und Handlungsangebote nicht anzunehmen. Seine Freiheit, meine Begleitung abzulehnen, bleibt aber immer begrenzt und wenig selbst bestimmt.

Wege zur Auflösung dieses Spannungsverhältnisses zwischen Sicherheit und Freiraum für die Menschen mit Intelligenzminderung und besonderen Verhaltensweisen zu finden, scheint mir eine weitere Herausforderung der Heilpädagogik zu sein, um eine umfassende Teilhabe der Betroffenen zu ermöglichen. Vielleicht ist es ein erster Schritt, sich dieser dialogischen Ambivalenz des »Aus-Haltens« in der täglichen Begegnung bewusst zu sein.

»Also ich glaube nicht, dass es einen Mangel an Rückmeldungen gibt, es gibt nur einen Mangel an Verstehen meinerseits.« (Interview mit Mitarbeitenden)

Der nachfolgende Text besteht aus Ausschnitten eines online-Interviews, das ich als Gespräch mit zwei Mitarbeitenden, die in der Begleitung von Menschen mit geistiger Behinderung und herausfordernden Verhaltensweisen tätig waren bzw. sind, geführt habe.

Stefanie Pakulla, 36 Jahre, Studium der Erziehungswissenschaften und Sozialpsychologie, 2009 bis 2018 Teamleiterin einer Wohngruppe im Kinderhaus Bochum, in der sowohl Kinder und Jugendlichen mit geistiger Behinderung, mehrfachen Behinderungen und herausfordernden Verhaltensweisen gemeinsam leben und wohnen. Seit 2018 im sozialen Dienst im Berufsbildungsbereich einer Werkstatt für Menschen mit Behinderung, aktuell in der Weiterbildung zur Fachberaterin für unterstützte Kommunikation.

Gero Sauer, 44, Heilerziehungspfleger, Teamleiter, seit 2000 in einer Intensivpädagogischen Wohngruppe der Kinderheilstätte Nordkirchen, Weiterbildungen als Marte-Meo-Therapeut und Traumapädagoge

HB: Was waren Ihre Motive, die Begleitung von Menschen mit Behinderung zu Ihrem Beruf zu machen?
SP: Ich muss ehrlicherweise sagen, dass das Zufall war. Ich habe während des Studiums wenig Praxiserfahrung sammeln können und nach dem Studium dachte ich dann »o.k.«, ich versuche mich irgendwo in einem praktischen Jahr. Als ich dann das Konzept des vollkommen neuen Kinderhauses Bochum kennenlernte mit vielen Gestaltungsmöglichkeiten habe ich mich dafür entschieden und bin dann 9 Jahre geblieben.
GS: Ich bin über meinen Zivildienst zur Behindertenarbeit gekommen. Nach meiner Ausbildung zum chemisch-technischen Assistenten habe ich diesen in einer Werkstatt für Menschen mit Behinderung gemacht. Ich habe relativ schnell gemerkt, wie mich das total ausfüllt, ich bin total zufrieden nach Hause gekommen und hab damals tatsächlich schon die ersten Kontakte mit Menschen mit auffälligem Verhalten gehabt und sehr positive Erfahrungen daraus gezogen. Ich wurde damals sehr gut angeleitet, das Verhalten der Klienten zu verstehen und einzuordnen. Das hat mich so zufrieden gemacht und so ausgefüllt, dass ich dann noch mal neu gestartet bin und eine Ausbildung zum Heilerziehungspfleger gemacht habe.

HB: Wenn Sie beide jetzt auf Ihre 20 bzw. 12 Jahre Berufserfahrung zurückblicken, haben sich die Motive für Ihr Handeln gewandelt oder sind sie letztlich in den Kernüberzeugungen gleichgeblieben?
SP: Meine Motive haben sich eher verstärkt. Am Anfang, ich war noch sehr jung, hatte ich viele Berührungsängste, und es gab für mich viele Unsicherheiten, auch weil die gesamte Einrichtung erst im Entstehen war. Im Laufe der Jahre habe ich aber für mich feststellen können, genau hier bin ich richtig, also in der Begleitung von Kindern und auch jungen Erwachsenen mit Behinderung. Es ist genau das, was ich mit Leidenschaft tue. Dieses Gefühl hat sich seither tatsächlich eher verstärkt.

GS: Ja, bei mir ist das ähnlich. Ich glaube, ich habe nicht einmal in den 25 Jahren das Gefühl gehabt, in diesem Bereich nicht richtig zu sein, sondern ich fühle mich dort total gut aufgehoben. Und dabei scheint mir das wichtigste Motiv das Gefühl zu sein, ich finde einen Zugang zu den Bewohnerinnen und Bewohnern und ich bin wirksam und erlebe eine Resonanz. Das hat sich mit dem Mehr an Fachwissen noch verstärkt, auch mit den Weiterbildungen, insbesondere der Traumapädagogik-Weiterbildung, die mich noch einmal sehr geprägt hat. Das führt zu dem Gefühl, ich mach das total gerne. Natürlich gibt es immer wieder mal Schwankungen. Die sind aber eher von außen bestimmt, etwa wenn man das Gefühl hat, da fehlt es mir an Ressourcen, oder da fehlt es mir an Unterstützung. Das sind dann natürlich die Momente, wo das schwieriger wird. Das hat meine Grundüberzeugung aber nie beeinflusst.

HB: Das heißt also, der Einfluss von Rahmenbedingungen und Ressourcen, die einem zur Verfügung gestellt werden, ist vorhanden, ist aber nicht so grundsätzlich gewesen, Zweifel an dem beruflichen Handeln an sich auszulösen?
Ich würde hier gerne einhaken, weil Sie hier einen ganz wichtigen Aspekt, der beim Thema des »Aushaltens« eine große Rolle spielt, bereits genannt haben. Die Frage, inwieweit ich mich als wirksam erlebe. Ich vertrete die These, dass viele Pädagoginnen und Pädagogen sich in dieser Arbeit eher als unwirksam erleben und an der pädagogischen Wirksamkeit ihres Handelns oder gar, als Person wahrgenommen zu werden, zweifeln. Ist das etwas, was Ihnen Beiden eher fremd ist?
SP: Die Erfahrung durfte ich ja glücklicherweise machen. Ich war erstaunt, wie intensiv Beziehungen wachsen in dem Bereich, auch bei Menschen, die noch einmal deutlich stärker beeinträchtigt sind. In der Wohneinrichtung lebten auch Bewohnerinnen und Bewohner, die eine Autismus-Spektrum-Störung hatten, denen man eher nachsagt, dass sie, was soziale Kompetenzen angeht, eher sehr, sehr zurückhaltend sind, aber ich wurde eines Besseren belehrt. Auch diese Menschen waren, beziehungsweise sind, beziehungsfähig. Es ist unglaublich, welche Rückmeldungen man auch erfährt und so schwierig manche Situationen sind oder auch waren, man merkt durch die pädagogische Arbeit, die man dort leistet, dass mein Gegenüber – egal wie auffällig oder wie besonders sie oder er ist – tatsächlich auf Beziehung hin angelegt ist. Diese Beziehungen werden durch Menschen mit herausfordernden Verhaltensweisen immer wieder auf die Probe und in Frage gestellt, was die Arbeit unwahrscheinlich intensiv gestaltet und in einem auch das Gefühl der »Unwirksamkeit« auslösen kann, weil der Mensch über die bisherige Beziehungsgestaltung teilweise nicht mehr erreicht wird.

HB: Sehr interessant und damit verbunden ist ein zweites Stichwort, dass Gero vorhin nannte. Das ist die Frage der Bedeutung der Rückmeldefähigkeit der begleiteten Menschen für die Begleitungsarbeit. In der konkreten Situation wird es häufig als sehr belastend erlebt, dass ich möglicherweise gerade in der Begleitung, insbesondere auch von Menschen mit einer stärkeren Intelligenzminderung und herausfordernden Verhaltensweisen, relativ wenig Rückmeldungen über meine Begleitungen, meine Initiativen, Angebote bekomme, sondern dass ich oft handeln muss, ohne dass ich eine eindeutige Rückmeldung von Anderen bekomme, wie sie oder er das erlebt.

SP: Auch da habe ich ganz unterschiedliche Erfahrungen gemacht. Anfangs fiel es mir nicht so leicht, das Verhalten nicht persönlich zu nehmen. Zu verstehen, dass das Verhalten nicht zwangsläufig etwas mit meiner Person zu tun hat, sondern vielleicht einfach eine Äußerung von Not ist, ein Bedürfnis, das aber so nicht geäußert werden kann. Das hat mich zu Beginn überfordert, dass ich erstmal mit mir selbst konfrontiert war und dachte, ich möchte nicht geschlagen, nicht gebissen, nicht gekratzt, nicht bespuckt, nicht beworfen und nicht getreten – ebenso wenig auf's Übelste beleidigt werden. Wir haben im Team miteinander verabredet, »Wenn Du nicht mehr kannst, gehst Du aus der Situation raus und ich gehe hinein. So können wir uns abwechseln, wir können uns gegenseitig den Rücken stärken, wir können uns noch mal im Nachgang darüber unterhalten.« Und was ich ganz toll fand, war, dass man das Verhalten immer von der Person getrennt gesehen und die Person nicht aufgrund des gezeigten Verhaltens verurteilt hat oder ihr ein Stigma auferlegt hat. F. hat das immer so schön gesagt: »Morgen ist ein neuer Tag.« Genau so haben wir versucht, den Menschen zu begegnen.

GS: Die Frage ist nicht, habe ich zu wenig Rückmeldung, sondern die Frage ist, kann ich sie deuten und kann ich sie – wie Stefanie schon gesagt hat – auch einordnen. Insofern hat das direkt mit mir zu tun, oder anders gesagt: mir fehlt nur der Schlüssel, dieses Verhalten zu deuten. Das ist für mich wie ein Werkzeugkasten – neben zeitlichen Ressourcen, Situationen reflektieren zu können, ist er gefüllt mit dazugewonnenem Fachwissen durch Fort- und Weiterbildungen, Beratungen und vielen, vielen Lernerfahrungen. Da sind im Laufe der Zeit viel mehr Schlüssel dazu gekommen, man hat viel mehr Möglichkeiten, Verhalten so zu verorten und einzuordnen. Man findet auch viel schneller Antworten, so dass es mir tatsächlich leichter fällt, auch auf neue Klienten zuzugehen, und vielleicht schneller in Kontakt zu kommen, als das früher der Fall war. Also ich glaube nicht, dass es einen Mangel an Rückmeldungen gibt, es gibt nur einen Mangel an Verstehen meinerseits.

HB: Das bedeutet demnach ja, Haltung ist nichts »Angeborenes« im Sinn von »das hat man« oder »das hat man nicht«, sondern Haltung ist entwickelbar. In den von Ihnen geschilderten Erfahrungen ist also auch Verstehen etwas, was ganz viel mit fachlichem Wissen zu tun hat. Wir kommen im weiteren Gespräch noch darauf zurück.

Es ist mir ein zentrales Anliegen, Kolleginnen und Kollegen zu ermutigen, daran zu glauben, dass sie wirksam sind und nicht zu denken, es ist letzten Endes gleich, wer die betroffenen Menschen begleitet. Mich würde interessieren, ob Sie benennen können, was das besonders Erfüllende und was das besonders Belastende in der Arbeit mit Menschen mit so besonderen Persönlichkeiten für Sie ist.

SP: Tatsächlich sind es diese Rückmeldungen, die man bekommt, letztlich auch eine Form von Dankbarkeit, die man manchmal auch erst zwischen den Zeilen oder in kleinen Gesten erkennt. Gerade wenn man gemeinsam Krisen durchgestanden hat. Das ist ein Gefühl, das ausdrückt: »Wir haben das geschafft. Es war sehr schwierig heute, aber wir können beide in Ruhe einschlafen und uns morgen neu begegnen.« Was ich zudem sehr bereichernd im Kinderhaus fand, wie viel ich im Verstehen und im Umgang mit Krisen an Kompetenz dazugewonnen habe. Man erlebt sich am Anfang oft ohnmächtig. Man hat das Gefühl, nur noch zu reagieren und gar nicht selber ins Handeln zu kommen. Das sind Gefühle, die man in der Summe sehr, sehr schnell erreicht hatte, weil man nicht nur den einen Menschen begleitet, der das herausfordernde Verhalten zeigt, sondern auch noch sieben weitere Bewohnerinnen und Bewohner, die ja auch Reaktionen auf die Situation zeigen und begleitet werden müssen.
Sehr belastend hingegen waren die unterschiedlichen Qualitäten von Krisen: starke körperliche und verbale Übergriffe, Zwänge oder stark selbstverletzende Verhaltensweisen bis hin zu möglichen suizidalen Konsequenzen. Ich war noch jung und unerfahren, als ich die Arbeit aufnahm, und musste erst ein Verständnis für die Besonderheiten und die Begleitung entwickeln und den notwendigen Abstand gewinnen, dies reflektieren zu können. Es ist häufig vorgekommen, dass sich die Grenzen zwischen Berufs- und Privatleben verschoben haben, weil ich doch so vieles mit nach Hause genommen habe. Zum Ende hin hat mir die gefühlte »Doppelverantwortung« als Teamleitung, für Kolleginnen und Kollegen, die teilweise auch begleitet werden mussten, für die Bewohner und auch für mich selbst, in einer Zeit täglich auftretender Krisen, hoher Krankheitsstände und ein Gefühl, »sich im Kreise zu drehen«, doch meine Grenzen aufgezeigt, so dass ich einen Moment des »Durchatmens« brauchte.
Wenn ich heute darüber nachdenke, waren die Krisen, die man gemeinsam durchstand, für die Entwicklung, das Wachsen und die Stärkung von Beziehung von besonderer Bedeutung.
GS: Ja, ich habe für mich auch den Teil des Teams nochmal als besonders erfüllend erlebt. Wir hatten ja das Glück, eine neue Wohngruppe aufzubauen. Da gab es erstmal viel Enthusiasmus bei den Kolleginnen und Kollegen, und wir hatten gemeinsame Ziele, was Vieles ermöglichte. Es hatte aber auch den Nachteil, sehr fokussiert auf seine Arbeit zu sein und zeigen zu wollen, dass wir das Konzept mit Leben füllen können. Dabei waren wir vielleicht nicht immer so fokussiert auf uns selber oder haben den Teil ein bisschen vergessen. Und das ist der andere Teil der Arbeit, der vielleicht eher belastend ist, dass der Fokus, wenn er zu sehr auf dem Klienten liegt und ich mich oder meine Kolleginnen und Kollegen dann vergesse, ein »Aushalten« nicht mehr ermöglicht. Meine eigene Belastung steuert mich dann eher. Ich erlebe es zurzeit als sehr erfüllend, dass wir ein Team haben, in dem wir versuchen, diese Balance gut zu halten. Auch diese Erlaubnis, auf sich gucken zu dürfen mit dem Gefühl, das ist auch Arbeit für den Klienten selber, gerade wenn wir auf uns achten. Dass ich den Dienstplan schreibe und sage »Nein«, heute kommt noch eine Aushilfe hinzu, damit wir das Wochenende wirklich gut schaffen und nicht mal eben so. Wenn man diese Ressourcen hat, und auch zugestanden bekommt, dann ist das sehr erfüllend. Wenn die Ressourcen knapp sind – und die Phasen kenne ich na-

türlich auch – und das Gefühl entsteht, man kann nicht allen gerecht werden und schon gar nicht sich selber, dann kann das schnell zum Teufelskreis werden. Das ist der andere Teil. Es ist eigentlich immer wieder so ein balancieren.

HB: Das betrifft ja eine Sorge, eine Fürsorge aus zwei Perspektiven. Zum einen das Thema Achtsamkeit, der gute Umgang mit den eigenen Ressourcen und zum anderen die Fürsorge des Systems, also die Themen, Leitung, Beratung, weitere Dienste, Fort- Weiterbildung.
SP: Das will ich gern kurz ergänzen, weil Gero das Team auch angesprochen hatte. Wir hatten Phasen, da hatten wir eine hohe Fluktuation, und das Team musste sich immer wieder neu finden, und natürlich wurden da auch wieder neue Grenzen ausgetestet. Aber in Phasen, in denen das Team stabil war und in denen wir wirklich auch uns selber gefunden hatten, uns gestärkt hatten, da war die Arbeit viel intensiver und, da stimme ich völlig zu, war die Arbeit total erfüllend, weil man gemeinsam wusste, o.k., wir können uns aufeinander verlassen, wir ziehen an einem Strang, wir haben die gleichen Ideale, die gleichen Ansprüche, wir fallen nicht zurück, sondern wir stehen wieder auf, wir versuchen dem Ganzen, ja, eine neue Facette zu geben. Dieses Grundverständnis war auch damals im Team total wichtig. Zudem wurden alle Mitarbeitenden im Haus in den Deeskalationsstufen und -techniken nach »ProDeMa« fortgebildet. Und wenn es einen Bedarf gab, wurden uns die Möglichkeiten einer Fallsupervision durch externe Experten angeboten.

HB: Das ist ein guter Übergang, zu dem Kernbegriff des »Aushaltens«. Können Sie mit dem Begriff in Ihrer eigenen beruflichen Identität etwas anfangen? Ist das überhaupt ein brauchbarer Begriff und können Sie benennen, was für Sie dieses Moment des »Aushaltens« in der Arbeit ist oder war?
GS: Ja, auf jeden Fall. Also Aushalten, da habe ich sofort die Assoziation gehabt, was brauche ich dafür, um das Aushalten zu können, und die Frage natürlich, was halte ich denn aus? Die schwersten Momente sind das Aushalten, wenn Entwicklung nicht sofort geschieht, sondern Menschen vielleicht auch mit einer Not und mit Umständen leben müssen, die für mich erst einmal schwer zu akzeptieren sind. Zum Beispiel Menschen, die bereits mit freiheitsentziehenden Maßnahmen bei uns einziehen. Die aus einer Psychiatrie schon mit einer 5 Punkt-Fixierung zu uns kommen und über ein Jahr schon nicht mehr das Bett haben verlassen können. Da gilt es, das erst mal auszuhalten, dass wir das nicht von einem auf den anderen Tag ändern können, das erst mal zu akzeptieren bei aller kritischen Sichtweise, aber auch zu sagen, o.k., wir müssen jetzt gucken, dass wir Schritte gehen, aber die Menschen haben ja schon eine lange Vorgeschichte. Meistens dauert es ja mindestens genauso lange, um das Rad wieder ein wenig in die andere Richtung zu drehen und wieder positive Tendenzen wahrzunehmen. Das bedeutet, einerseits auszuhalten, dass man vielleicht auch über Jahre hinweg noch auf freiheitsentziehende Maßnahmen zurückgreifen muss und trotzdem aber innerhalb dieser Situation eine positive Entwicklung in Gang bringen kann. Also das ist manchmal so eine Geduldsfrage, die man aushalten muss. Hinzu kommt, dass man im Unterschied zu einer Einrichtung für Erwachsene in einer Kinder- und Jugendeinrichtung bis zum Auszug nur begrenzt Zeit hat und Gefahr läuft, sich unter Druck zu setzen. Das auszuhalten, dass da die Möglichkeiten begrenzt sind, ja das ist wirklich schwierig.

SP: Mir ist auch keine bessere Begrifflichkeit eingefallen, die das zutreffender beschreiben würde, weil aushalten schon viel ausdrückt und viel beinhaltet. Ich habe mir darüber oft Gedanken gemacht, weil ich den eigenen Anspruch hatte, ich muss durchhalten, gerade jetzt in der Krise. Ich habe die Verantwortung. Ich habe aber auch gemerkt, ich bin das nicht alleine, dazu gehören noch mehr, jemand der mir den Rücken stärkt. Das hat mir das Aushalten oft erleichtert, weil wir auch dieses Modell entwickelt haben, wenn jemand in der Betreuung ist, auch Bescheid sagen zu können, abgelöst zu werden, oder auch mal durchzuatmen, um sich wieder neu auf so eine Situation einlassen zu können, aber auch die eigenen Grenzen zu spüren. Im Aushalten lerne ich auch meine eigenen Grenzen kennen. Das Aushalten am Anfang ist ein anderes Aushalten, als wenn ich jemanden über einen längeren Zeitraum begleite: ich schätze das Verhalten und die Situation unterschiedlich ein, weil man über die Jahre einfach noch mal anderes Handwerkszeug an die Hand bekommt und noch einmal andere Schlüssel – das Bild von Dir, Gero, fand ich ganz schön – einsetzen kann, mit denen sich vielleicht neue Türen öffnen lassen. Das bedeutet eben auch, dass man mutig sein darf, auch mal etwas auszuprobieren.

HB: Neben dem aktiven Handeln scheint eine tragische Sicht nach Haim Omer eine große Rolle zu spielen. Also, die Erkenntnis, bestimmte Dinge kann ich, ob sie wünschenswert sind oder nicht, in diesem Moment nicht ändern, und ich nehme Dich an, auch mit Deinen tragischen Anteilen, mit Deinen Traumata, Deiner Geschichte, Deiner Biografie. Und sich gleichzeitig bei dieser intensiven Beziehungsarbeit bewusst zu sein, dass bei allem Verstehen und Kennen, niemand einen privilegierten Einblick in die Erfahrungswelt des Anderen hat. Dass wir Gefahr laufen, für den von uns begleiteten Menschen sozusagen zu sprechen.

Dann sind wir noch einmal kurz bei dem Teil der äußeren Bedingungen. Gibt es da noch Ergänzungen? Was ist mit Beratung, was ist mit dem zur Verfügung stellen von Ressourcen, gibt es noch Anregungen, Ergänzungen, Erfahrungen?

SP: Wir haben das Angebot einer externen Supervision bekommen, also es gab mit F. damals eine Situation, in der wir feststellten, das müssen wir als Team noch einmal etwas anders aufarbeiten. Wir hatten als Mitarbeiter auch die Möglichkeit, nach einem Übergriff selber Beratung in Anspruch nehmen zu können, die von einer externen Beratungsstelle angeboten wurde. Wir hatten jederzeit die Möglichkeit, uns an die Leitung zu wenden, dass sie noch mal ins Team kommt, um sich das anzuhören, was das Team betrifft und welche Sorgen und welche Belastungen eben im Team entstanden sind. Also da gab es ganz viel Bereitschaft von Seiten der Leitung. Wir entwickelten das Modell der kollegialen Nachsorge, das wir Kollegen dann untereinander gelebt haben, ob gruppenübergreifend oder durch KollegInnen aus dem eigenen Team, die Sorge für einander getragen haben. Das waren ganz wichtige Instanzen, die auch in der Reflexion geholfen haben. Es ist so, dass man sich aufgefangen fühlt und auch erschöpft sein darf und in einem zweiten Schritt noch mal über das sprechen und verstehen kann, was da eigentlich passiert ist.

GS: Ja, ich sehe auch die Unterstützerkette. Das fängt damit an, ob die Gesellschaft bereit ist, solche Menschen auszuhalten, und ob sie bereit ist, Ressourcen zur Verfügung zu stellen. Daneben dann der Kostenträger, die Geschäftsleitung und die unmittelbare Leitung. Es ist sehr unterstützend, wenn man nicht noch um Ressourcen kämpfen muss. Ich finde, man kämpft schon genug in der Arbeit, und mein

Fokus liegt mehr bei der Arbeit, bei den Bewohnern, den Klienten. Wenn man dann noch um Ressourcen kämpfen muss, dann ist das sehr unbefriedigend und ermüdend. Ich habe das in den letzten Jahren so erlebt, dass ich immer Leitungen gehabt habe, die diesen Kampf für uns übernommen haben, so dass wir wirklich Raum hatten, wo wir arbeiten konnten. Leitung braucht man als Verbündete, sonst könnte ich die Arbeit auch nicht machen.

Ich glaube auch, dass viele Klienten in Regelwohngruppen vielleicht nicht zurechtkommen, weil da dann die Ressourcen nicht bereitstehen.

SP: Nur noch kurz als Ergänzung: Ein Team zeichnet sich auch durch die Multiprofessionalität aus, dass man nicht nur Menschen aus einer Fachgruppe hat, die mit einem zusammenarbeiten, sondern man ganz viele unterschiedliche Blickwinkel im Team vertreten hat, eine große Bandbreite an Berufsgruppen, die einem auch noch mal einen anderen Input geben können. Diese Vielseitigkeit gilt es zu erhalten.

HB: Jetzt sind wir an einem Scheidepunkt mit der Frage, was sind die Gründe, warum Sie diese Arbeit immer noch machen oder beendet haben?

GS: Für mich ist das nach wie vor so, dass ich das Gefühl habe, ich mache das total gerne, bin immer noch sehr befriedigt in der Arbeit und habe auch immer noch das Gefühl, dass ich etwas bewirken kann. Ein wichtiger Grund dafür, dass ich das jetzt schon über zwei Jahrzehnte mache, trotz aller Aufs und Abs, die es gegeben hat, ist, dass ich mir damals gesagt habe, ich mache das drei, vier Jahre und dann lasse ich mir das Weitere komplett offen, ob ich eine andere Tätigkeit mache. Und mit diesem Gefühl arbeite ich schon 20 Jahre, aber eigentlich habe ich mir das immer offengehalten, und ich spüre nicht den Druck, dass ich das muss.

SP: Für mich gab es mehrere – auch private – Gründe, den Tätigkeitsbereich zu wechseln. Ich habe neun Jahre lang sehr viel Herzblut in diese Arbeit gesteckt und bin an und in dieser Arbeit gewachsen. In neun Jahren habe ich sehr intensive Beziehungen zu den Bewohnern aufgebaut. Ich habe mir dann gesagt, wenn zwei Menschen, die mir besonders am Herzen liegen, ausziehen, dann versuche ich auch, meine berufliche Perspektive noch mal zu erweitern und einen anderen Bereich kennenzulernen, was ja nicht ausschließt, dass ich in diesen Bereich nicht noch einmal zurückkomme. Mit den Erfahrungen, die ich mittlerweile gemacht habe, glaube ich, dass ich im Wohnbereich gut aufgehoben war, und kann mir definitiv vorstellen, auch wieder in den Wohnbereich zurückzukehren, vielleicht nicht zum jetzigen, aber zu einem späteren Zeitpunkt. Ich habe ja bereits zuvor benannt, dass insbesondere mich die Gesamtbelastung als Teamleitung, mit dem Blick auf die Bewohnerinnen und Bewohner, die Angehörigen und die Kolleginnen und Kollegen, irgendwann an meine Grenzen geführt hat. Damit verbunden auch das Auffangen von hohen Krankheitsständen. Als ich mich dazu entschied, den Wohnbereich zu verlassen, begleiteten wir eine junge Frau mit stark herausfordernden Verhaltensweisen. Zu diesem Zeitpunkt traten täglich sowohl physische als auch psychische Übergriffe gegenüber Mitarbeitenden auf, die wenig Spielraum zum Durchatmen ließen. Sie verweigerte den Schulbesuch und trat ausschließlich mit den Mitarbeitern in Kontakt, wenn es um die Befriedigung ihrer Bedürfnisse ging. Eine fast volljährige Frau, die ebenso erwachsen behandelt werden wollte, die jedoch auf einem emotionalen Entwicklungsstand von 2–3 Jahren war. Diese junge Frau überprüfte das »Aus-Halten« sehr eindrucksvoll innerhalb ihrer unterschiedlichen Beziehungen zu uns Mitarbeitenden (Androhen und Anwenden von körperlicher und psychischer Gewalt), und wir alle spürten zu dem Zeitpunkt die Grenzen unseres Aushaltens und unserer Wirksamkeit in der Begleitung der jungen Frau. Zu der Zeit hatte ich das Gefühl, dass ich mich in meiner pädagogischen Arbeit und in der Zusammenarbeit mit dem Team tatsächlich als nicht mehr »wirksam« erlebte. Kraftlos, ideenlos, perspektivlos. Ich merkte, dass ich Abstand brauchte, einen Moment des Durchatmens. Dies hat meine Entscheidung zu gehen damals tatsächlich auch bestärkt.

HB: Haben Sie eine Anregung für Kolleginnen und Kollegen, die sozusagen vor dieser Entscheidung stehen? Was würden Sie ihnen empfehlen? Würden Sie Ihnen zuraten, diese Arbeit zu tun?

SP: Ich glaube, wir haben beide schon gesagt, dass uns diese Arbeit sehr erfüllt, ein Gefühl, dass man selbst erleben muss. Das kann man, glaube ich, keinem anderen beschreiben. Wir haben die Erfahrungen gemacht, viel von den Menschen, die wir begleiten und begleitet haben, zurückzubekommen. Wenn man jung ist, ist es sehr hilfreich, in ein bestehendes, stabiles Team zu kommen und mit dem Team zu wachsen und sich seiner eigenen Grenzen bewusst zu werden. Ich glaube, dass man sich nicht entmutigen lassen darf, wenn man diesen Job macht, und sich immer wieder sagen muss: »Morgen ist ein neuer Tag.«. Es hilft, eine gute Portion Humor mitzubringen, um bestimmte Dinge nicht persönlich zu nehmen und tatsächlich auch aushalten zu können.

GS: Ich würde auch grundsätzlich allen dazu raten, diese Erfahrung zu machen. Immer unter der Prämisse, dass man auch einen Rahmen vorfindet, der einen in Krisensituationen gut schützt. Das ist durchaus eine Arbeit, in der man eventuell Erfahrungen sammelt, die einen total überfordern, über Grenzen gehen, die es dann schwer machen, in diesem Beruf überhaupt glücklich zu werden. Ich arbeite mit vielen jungen Kolleginnen und Kollegen. Wir haben junge Menschen im Bundesfreiwilligendienst, auch welche, die die ersten Schritte im Beruf machen, und die Frage stellt sich dann natürlich immer wieder, sind die bei uns in so einem intensivpädagogischen Setting richtig? Ich glaube das ganz, ganz fest, wenn die Bereitschaft da ist, für einander einzustehen und sich da gegenseitig zu unterstützen. Das finde ich eine Kernkompetenz, die muss da sein bei jedem, der bei uns arbeitet. Und dann die Fähigkeit zur Selbstreflexion, eigene Grenzen wahrzunehmen und auch einzufordern, um dann Unterstützung zu bekommen. Wer das kann, finde ich, kann diese Arbeit auch tun. Und das ist auch eigentlich meine wichtigste Frage in Vorstellungsgesprächen: Ist derjenige in der Lage, sich in den Blick zu nehmen und eventuell auch zu sagen, ich kann etwas nicht. Das halte ich für eine Riesenstärke. Ja, das ist das Wichtigste eigentlich, dass man die Fähigkeit hat, Unterstützung auch einzufordern.

SP: Und ergänzend dazu, sich Zeit geben. Wir erwarten oft, ganz viel, ganz schnell und erzielen eigentlich das Gegenteil. Dabei ist es wichtig, wirklich auszuhalten, dass einige Dinge auch Zeit brauchen, bis man die ersten Anzeichen kleiner (Entwicklungs-)Schritte sieht, die sich entwickeln. Man setzt sich ansonsten nur unter Druck, ist frustriert, weil bestimmte Dinge nicht so funktionieren, wie man es sich vornimmt. Aber wenn man eben die Perspektive entwickelt, dass der gemeinsame Prozess und die Begleitung Zeit brauchen, so gibt man nicht so schnell auf. Man begleitet den Menschen auf diesem Weg. Symbolisch endet man hier und da mal in einer Sackgasse oder in einer Einbahnstraße. Aber auch aus einer neuen Blickrichtung entdeckt man alternative Möglichkeiten und irgendwann erkennt man vielleicht das erste kleine Ziel.

HB: Ich danke Ihnen für den intensiven Austausch!

Nachbemerkung

Die Botschaft »Ich halte es mit oder neben Dir aus« scheint ein Weg zu sein, »Ver-Wicklung« in »Ent-Wicklung« zu wandeln, den Anfang des Fadens zu suchen und ihm zu folgen, seinem Tempo und seinen Ressourcen zu trauen. Auf dieser Grundlage ist es möglich, vom Reagieren zum aktiven Handeln zu gelangen und Aneignung von Welt, oder Entwicklung, lebenslang, nicht immer, aber immer öfter zu ermöglichen.

Der Schlüssel und die Basis jeder (heil-)pädagogischen Intervention ist dabei die Fähigkeit, mein Gegenüber »aus-zuhalten« mit der geschilderten, annehmenden und zugewandten Grundhaltung.

Und es ist dabei in der Praxis wichtig, für mich immer wieder zu prüfen, ob ich das geforderte »Aushalten« auch weiter aufbringen und anbieten kann. Das Ergebnis dieser Überprüfung – und das ist legitim und muss Raum haben, auch in meinem (heil-)pädagogischen Selbstverständnis – umfasst auch die Freiheit, »nein zu sagen«, und für mich Grenzen zu erkennen und andere professionelle Schwerpunkte zu setzen. Pädagogische Wirksamkeit kann ich nicht nur bei diesen besonderen Menschen und durch »Aus-Halten« entfalten. In meiner Berufspraxis habe ich beeindruckende Mitarbeitende nicht nur in diesem »Aus-Halten« erlebt, sondern ebenso in anderen Begleitungsaufgaben.

Aber ich habe auch erlebt, wie zutiefst befriedigend es für die Mitarbeitenden war, aber auch wieviel Freude es bereitet hat, aus dieser Grundhaltung Menschen zu begegnen und mit ihnen in einen Dialog zu treten.

Eines der »Team im Team-Mitglieder« bei Vitali war eine Heilpädagogin, die ihn fünf Jahre begleitete. Sie war so sehr davon überzeugt, dass dies genau die Arbeit sei, die sie tun wollte, dass sie sich nach dem Umzug des erwachsen gewordenen jungen Mannes sofort für ein nächstes ähnliches Begleitungsprojekt bei einer jungen Frau bewarb. Nach nur zwei Monaten bat sie mich, sie zu versetzen, da sie ihre Grenzen in diesem Projekt – selber darüber völlig überrascht und auch irritiert – permanent spürte.

»Aus-Halten« vermag, viel Entwicklung in Bewegung zu setzen – und auch das nicht immer. Entscheidend ist nicht die sehr menschliche Frage nach »Erfolg«, sondern die feste Überzeugung, dass mein »Aushalten« ohne Bedingungen wirksam für die Seele meines Gegenübers ist. Mir fällt dazu Vaclav Havels Satz ein: »Es ist nicht wichtig, ob mein Handeln Erfolg hat, sondern mein Handeln einen Sinn macht.«

»Ich sehe Dich« und wende mich Dir zu – ist ein zutiefst »kostenfreies« Angebot für mein Gegenüber.

Und so schließt sich der Kreis zu Janusz Korczaks Satz: Nicht, weil wir »hinabsteigen, uns herunterbeugen, kleiner machen« müssen, sondern weil wir uns »hinstrecken, auf die Zehenspitzen stellen, hin tasten müssen, um nicht zu verletzten«.

Ich wünsche Ihnen haltgebende Bedingungen in Ihrer Arbeit, den Glauben an die Kraft des »Aus-haltens« und den Mut, Haltung zu wollen, um so den Ihnen anvertrauten Menschen ebenso bereichernde Erfahrungen zu vermitteln wie sich selbst.

Danksagung

Zunächst möchte ich Gabi, meiner Ehefrau, ganz besonders danken. Ich habe das Glück, seit über 35 Jahren mit ihr zusammen arbeiten zu dürfen. Wir teilen viele gemeinsame Erfahrungen mit Menschen mit Behinderung und Gespräche über den »richtigen« Weg. Sie hat mich ermutigt, meine Überlegungen in diesem Praxisbuch vorzustellen.

Mein Dank gilt dann meinem Freund Erwin Breitenbach, der das Manuskript engagiert, kritisch und wertschätzend gelesen hat und mir zahlreiche wertvolle Anregungen und Hinweise gegeben hat.

Ich danke Heinrich Greving für seine spontane Bereitschaft, das zweite Kapitel des Buches mit seiner prägnanten und gleichzeitig umfassenden Einordnung in die aktuelle wissenschaftliche Diskussion zu gestalten.

Ein besonderer Dank gilt zudem meinen vier Interviewpartner*innen, die sich sehr persönlich und offen eingebracht haben und so einen wichtigen Beitrag zum Praxisbezug ermöglicht haben.

Klaus-Peter Burkarth vom Kohlhammer-Verlag hat meine Buchidee sofort unterstützt und mich, gerade als Neuling aus der Praxis, ermutigt und wohlwollend begleitet. Dafür danke ich ihm.

Mein abschließender Dank gilt aber allen Menschen, die ich in den vergangenen 45 Jahren meines beruflichen Tuns ein kleines oder größeres Stück Weges begleiten durfte – und die diese Begleitung und mich ausgehalten haben.

Literatur

AUTEA: autea.de, Low-Arousal-Ansatz
Bach, H.: Geistigbehindertenpädagogik. Berlin 1967
Bach, H.: Die heimlichen Bitten des Peter M. Berlin 1990
Baierl, M. & Frey, K.: Praxishandbuch Traumapädagogik: Lebensfreude, Sicherheit und Geborgenheit für Kinder und Jugendliche. Göttingen 2016
Bartelt, H.: Zwischen Bauchgurt und Beziehung – Erfahrung von Menschen mit Behinderung und herausforderndem Verhalten. In: Rundbrief Basale Stimulation 11/2007, S. 23 ff
Bartelt, H.: Eigentlich sind wir ja dagegen, Medikamente und/oder Pädagogik – warum tut sich die Behindertenhilfe so schwer? In: Hennicke, K. (Hrsg.): Psychopharmaka in der Behindertenhilfe – Fluch oder Segen? Berlin 2008
Bartelt, H.: Krisen im Leben von Menschen mit Behinderung. In: Greving, H & Niehoff, D. (Hrsg.): Praxisorientierte Heilerziehungspflege (4. Auflage). Köln 2014
Bartelt, H.: Haltung als Grundlage pädagogischer Interventionen bei Menschen mit herausforderndem Verhalten In: Seidel, M. (Hrsg.): Verhaltensauffälligkeiten. DGSGB, Bd. 36. Berlin 2016
Bartelt, H.: Sicherheitsdienste in der Jugendhilfe. In: neue Caritas 11/2019, S. 23
Bartelt, H.: Aus-Halten als heilpädagogische Intervention. In: BHP, Tagungsbericht 2019 Zusammenhalt durch Haltung – Heilpädagogik in der Verantwortung zwischen Person und Gesellschaft. Berlin 2020
Bartelt, H; Gottschling, B.: FamilienAssistenz. In: Balz, Biedermann, u. a. (Hrsg.), Zukunft der Familienhilfe, Neukirchen-Vluyn 2009
Bausum, J.; Besser, L.-U.; Kühn, M.; Weiß, W. (Hrsg.): Traumapädagogik – Grundlagen, Arbeitsfelder und Methoden für die Praxis (3. Auflage). Weinheim 2013
Besems, T. &; van Vught, G.: Integrative Körpertherapie bei behinderten Kindern und Jugendlichen. In: Färber, H. (Hrsg.): Integrative Therapie mit geistig behinderten Kindern. Dortmund 1983
Bothe, S. (Red.): Normalisierung – eine Chance für Menschen mit geistiger Behinderung. Marburg 1986
Breitenbach, E. (Hrsg.): Delfintherapie für Kinder mit Behinderungen. Analyse und Erklärung der Wirksamkeit. Würzburg 2006
Buber, M.: Das dialogische Prinzip (14. Auflage). Gütersloh 1999
Conty, M.: Umgang mit herausforderndem Verhalten – Präsentation, Autea; Studio 3. Berlin 2013
Dederich, M.: Wozu Theorie. In: Vierteljahresschrift für Heilpädagogik und ihre Nachbargebiete, 75. Jg., 2006, S. 99–109
Dosen, A.: Psychische Störungen und Verhaltensauffälligkeiten bei Menschen mit intellektueller Beeinträchtigung. Göttingen 2018
DTV Brockhaus-Lexikon, 20 Bände. München 1984
Emcke, C.: Gegen den Hass. Frankfurt 2018
Fischer-Götze, J.: Der sichere Ort. SIS Chemnitz, Vortrag zum Fachtag »Netzwerk Kindeswohl«, 2016
Fröhlich, A.: Basale Stimulation. Ein Konzept zur Arbeit mit schwer beeinträchtigten Menschen, BVKM, Düsseldorf 2015
Fröhlich, A. (Hrsg.): Lernmöglichkeiten. Aktivierende Förderung für schwer mehrfachbehinderte Menschen. Heidelberg 1995

Gahleitner, S.: Traumapädagogik in psychosozialen Handlungsfeldern. Göttingen 2014
Geistige Behinderung, Fachzeitschrift des BV Lebenshilfe e.V., Marburg 03/2001 und 04/2001
Georgens, J.-D. & Deinhardt, H.: Die Heilpädagogik mit besonderer Berücksichtigung der Idiotie und der Idiotenanstalten. 2 Bände. Leipzig 1861 und 1863
Glasenapp, J.: Im Spannungsfeld von Sicherheit und Freiheit. Über Desinstitutionalisieren in der Behindertenhilfe. Forum Behindertenhilfe 14, Berlin 2010
Gromann-Richter, P.: Ich wohne hier. Bremen 1989
Hanselmann, H.: Einführung in die Heilpädagogik. Zürich 1941
Hennicke, K.: Psychopharmaka in Wohnstätten der Behindertenhilfe. In: ders. (Hrsg.): Psychopharmaka in der Behindertenhilfe – Fluch oder Segen. Berlin 2008, S. 4–22
Häussler, U. (Hrsg.): Paul Moor als Herausforderung. Bern 2000
Häussler, U.: Skepsis als heilpädagogische Haltung. Reflexionen zur Berufsethik der Heilpädagogik. Bad Heilbrunn 2000
Heijkoop, J.: Herausforderndes Verhalten von Menschen mit geistiger Behinderung. Neue Wege der Begleitung und Förderung (5. Auflage). Weinheim 2011
Hofer, R.: Heilpädagogische Haltung. In Schweizerische Zeitschrift für Heilpädagogik, 02/07, S. 25–32
Jonas, M.: Behinderte Kinder – behinderte Mütter? Die Unzumutbarkeit einer sozial arrangierten Abhängigkeit. Berlin 1993
Kegan, R.: Die Entwicklungsstufen des Selbst. Fortschritte und Krisen im menschlichen Leben. München 1986
Klonovsky, M. (Hrsg.): Ich will kein Inmich mehr sein. Köln 1993
Kobi, E.E.: Grundfragen der Heilpädagogik. Eine Einführung in heilpädagogisches Denken (6. Auflage). Berlin 2000
Korczak, J.: Wenn ich wieder klein bin und andere Geschichten von Menschen. Göttingen 1973
Mall, W.: Demut in der Heilpädagogik – Fragen an Georg Feuser. St. Gallen 2003
Mall, W.: Kommunikation ohne Voraussetzungen: mit Menschen mit schwersten Beeinträchtigungen. Ein Werkheft (6. Auflage). Heidelberg 2008
Menth, M.: Heilpädagogische Haltung – Denkbewegungen zwischen Heilpädagogik und Philosophie. In: Tagungsbericht 2019 des BHP, Zusammenhalt durch Haltung. Berlin 2020, S. 121
Moor, P.: Heilpädagogische Psychologie. 1. Band: Grundtatsachen einer allgemeinen pädagogischen Psychologie. Bern 1951
Moor, P.: Heilpädagogische Psychologie. 2. Band: Pädagogische Psychologie der Entwicklungshemmungen. Bern 1958
Moor, P.: Heilpädagogik. Ein pädagogisches Lehrbuch. Bern 1965
Niedecken, D.: Namenlos. Neuwied 2003
Omer, H. & von Schlippe, A.: Autorität ohne Gewalt. Göttingen 2008
Omer, H., Alon, N. & von Schlippe, A.: Feindbilder – Psychologie der Dämonisierung. Göttingen 2007
Pleyer, K.-H.: Parentale Hilflosigkeit – ein systemisches Konstrukt für die therapeutische und pädagogische Arbeit mit Kindern. In: in: systema 04/2002, 467–491
Pörtner, M.: Ernstnehmen – Zutrauen – Verstehen. Personenzentrierte Haltung im Umgang mit geistig behinderten und pflegebedürftigen Menschen. Stuttgart 1999
Prekop, I.: Hättest Du mich festgehalten. Grundlagen und Anwendung der Festhaltetherapie. München 1995
Richter, H.-E.: Flüchten oder Standhalten. Hamburg 1976
Saint-Exupery, A.: Der kleine Prinz. Zürich 1950
Sappok, T. & Zepperitz, S.: Das Alter der Gefühle. Göttingen 2016
Schäper, S.: Heilpädagogische Ethik. In: Greving, H. & Schäper, S. (Hrsg.): Heilpädagogische Konzepte und Methoden. Stuttgart 2020
Schmuhl, H.-W. & Winkler, U.: Wege aus dem Abseits. Der Wandel der Wohnformen für Menschen mit geistiger Behinderung in den letzten sechzig Jahren (1958–2018). Marburg 2018
Schmuhl, H.-W. & Winkler, U.: Welt in der Welt, Heime für Menschen mit Behinderung. Stuttgart

Schwer, C. & Solzbacher, C. (Hrsg.): Professionelle pädagogische Haltung: Historische, theoretische und empirische Zugänge zu einem viel strapazierten Begriff. Bad Heilbrunn 2014
Speck, O.: Erziehung und Achtung vor dem Anderen. Zur moralischen Dimension der Erziehung. München 1996
Terhart, E.: Die Hattie-Studie in der Diskussion. Probleme sichtbar machen. Dortmund 2014
Theunissen, G.: Positive Verhaltensunterstützung. Marburg 2008
Die Zeit, Das Lexikon, 20 Bände. Hamburg 2005

Internet-Hinweise

TEACCH: teacch.com
PART: Part-training für Prävention, Deeskalation und Beratung, Parttraining.de
ProDeMa: prodema-online.de (Kix, J.)

Filme
Feuser, G.: Michaelas letzte Chance, Radio Bremen, 21.04.2007 18.45–19.45
Systemsprenger, Deutschland 2019 (R Nora Fingscheidt) 120 Min